아키토피아의 실험

인사말

국립현대미술관은 2015년 건축 부문 기획 전시로 「아키토
피아의 실험」을 개최합니다. 국립현대미술관은 동시대 미술
의 다양한 장르를 발전시키고 활성화하고자 2012년부터 사
진, 건축, 디자인, 공예 등의 분야별 전시를 기획해 왔습니다.
이번 전시는 건축가 개인전이나 그룹전과는 다른 유형의 것으로, 건축의
비평적 맥락을 주제 삼아 기획되었다는 데에 그 의미가 있습니다.

「아키토피아의 실험」은 제목 그대로 건축(Architecture)이 꿈꾸는
유토피아(Utopia)를 주제로 삼고 있습니다. 새로운 도시의 구성을 꿈꾸
는 건축의 사회적 실험을 다루는 이번 전시는 세운상가, 파주출판도시, 헤
이리 아트밸리, 판교단독주택단지 등 1960년대 이후부터 최근까지 아키
토피아(Archi-topia)의 욕망이 투사된 장소들을 재탐색하고 있습니다.
도시 구조의 일부가 되거나 건축 전시장과 같은 모습으로 남은 장소들을
새롭게 바라보며 이들을 과거와 현재 시점에서 기록한 작업들을 선보입
니다. 건축가뿐만 아니라 사진작가, 비평가, 미디어 아티스트, 만화가, 그
래픽 디자이너 등 다양한 분야의 작가들이 수집, 기록, 제작한 각기 다른
건축 유토피아의 시각 풍경들도 함께 전시장에 소개됩니다.

「아키토피아의 실험」은 개발시대 국가 성장의 원동력이었던 건축
이 저성장 시대인 오늘날 어떻게 작동할 수 있을지를 모색해보고자 합니
다. 전시 주제를 확장시킨 이 도록은 건축의 열망과 그것이 만들어내는 도
시 풍경에 대한 역사적 접근과 비평적 성찰에 대한 계기를 마련해 줄 것이
라 생각합니다.

이번 전시에 참여하신 작가 분들과 도록 필진 여러분, 귀중한 작품과
자료를 대여해주신 여러 기관 및 개인 소장자 분들 그리고 전시와 도록 제
작을 위해 애써주신 많은 분께 깊은 감사의 말씀을 드립니다.

국립현대미술관 관장 직무대리 김정배

아키토 피아의 실험

마티

아키토피아의 실험   차례

아키토피아의 실험: 건축의 이상과 현실, 그 간극의 희미한 빛을 찾아서

"우리의 도시는 급격히 변화하는 아시아의 도시들에 한 발 앞선다. 그 도시들이 팽창의 진행기라면 우리의 경우는 그 이후의 조정기이다. 이제야 가쁜 숨을 고른다. 스스로의 모습을 찾아 나가려 애쓴다. 어긋난 조직들을 꿰어 맞추고 일상의 삶에 눈을 돌린다. 삶의 형식과 내용이 보여주는 차이에 주목한다. 제도를 점검하고 태도를 추스른다. 그 속에서 희망을 찾는다. 그러므로 희망을 향한 실천의 과제는 각각의 장소들이 남겨 놓은 희미한 의미들을 발굴하고 그것들의 흐름을 일깨우고 다른 장소들과 서로 연결해 나가는 데에 있다. 건축이 그렇게 할 수 있는가. 아니면 누가 또는 누구와? 그리고 어떻게?"[1]

욕망으로부터 출발하는 건축

건축은 어떤 장소에 대한 욕망으로부터 출발한다. 지금보다 더 나은 곳을 꿈꾸는 유토피아적 상상력은 건축을 작동시키는 힘이다. 건축에서 유토피아는 역사적으로 현실을 극복하는 대안을 제공했다. 이는 특히 세계전쟁 이후 근대화된 새로운 도시를 만

1　이종호, 「쉘 위 댄스?」, 『건축이란 무엇인가』(열화당, 2005), 117-118쪽.

9

들고자 하는 건축가들의 비전에서 극대화되었다. 백지화된 상태에서 모든 것을 재건해야 했던 변방의 한국에서는 이 유토피아의 실험 방식이 매우 빠른 속도로 기이하게 가동되었다. 건축가와 정치가는 한배를 타고 국가 개발의 이상을 향해 전진했다. 그로부터 50여 년이 흘렀다. 국가 개발의 견인차 노릇을 했던 건축은 더 이상 성장을 꿈꾸기 어렵다. 많은 것의 욕망이 거세된 '기대 감소의 시대'[2]인 지금, 그렇다면 우리 건축이 꿈꾸는 유토피아는 어떻게 작동해야 하는가? 건축가들의 이상으로 탄생하는 '아키토피아(Archi-Topia)'는 어떤 형식과 내용으로 채울 수 있을 것인가? 이것이 「아키토피아의 실험」전을 여는 질문들이다.

이러한 질문에 답하기 위해 우리 건축도시사에 흩어진 아키토피아의 흔적들을 다시 추적하는 작업이 필요하다고 생각했다. 역사적으로 아키토피아의 욕망이 투사된 장소들을 다시 살펴보면서 그것들의 의미를 재발견하는 일 그리고 이런 과정을 탐색하는 행위로부터 예측할 수 없는 앞으로의 건축적 이상향을 짐작할 수 있으리라 보았다. 이 작업은 역사가의 몫이겠지만 전시라는 장을 통해 어떤 문맥을 드러낼 수 있을 것이라 믿었다. 여기에서 파편적이지만 시대별로 조금씩 양상을 달리하며 당대의 한계를 극복하려는 대안적 아키토피아의 모습을 찾을 수 있을 것이다.

전시에 소개하는 세운상가, 파주출판도시, 헤이리 아트밸리, 판교단독주택단지는 건축이 도시적 규모로 개입하여 인프라가 되거나 마치 건축 전시장과 같은 모습이 된 장소들이다. 이 명소들은 한국의 건축도시사에서 시기적으로 중요한 변곡점을 찍고 있다. 1960년대 말 완공된 세운상가는 건축가 김수근과 박정희 대통령/김현옥 서울시장 두 모더니스트의 도시에 대한 원대한 꿈이 투영된 장소다. 세운상가는 우리가 잃어버린 근대화의 이상을 상징하면서, 반세기 가까이 우리 사회의 역동적인 변화와 함께했다. 서울 근대화의 랜드마크로 기획되었던 세운상가는 오랫동안 버려진 장소였다. 시대의 부침에 따라 명멸했지만, 오랜 세월 자리를 지키며 건축의 생명력을 보여준 세운상가는 아키토피아 추적의 여정을 여는 상징적 출발점이다.[3] 전쟁 후 국가 재건을 위한 개발 동력은 새로운 도시

---

2   '기대 감소의 시대'는 경제학자 폴 크루그먼이 경기가 후퇴되는 암울한 현대 상황을 일컬어 1997년에 출간한 동명의 책 *The Age of Diminished Expectations*을 차용한 것이다.

를 실험하기에 충분했다. 1960-70년대는 국가 주도의 유토피아 계획들이 적극적으로 가동되던 때였다.

빠르게 달리던 도시는 1990년대에 이르러 한숨을 고른다. 1990년대 말에서 2000년대에 승효상, 민현식, 김종규, 김준성 등 건축 코디네이터들을 중심으로 일련의 건축가들이 적극적으로 참여하여 조성된 파주출판도시와 헤이리 아트밸리는 마스터플랜 류의 기존 도시 개발 방식에 대한 반성에서 출발한다. 공동성을 추구하는 문화 장소로 기획된 이곳들은 규약으로 일군 대안적 아키토피아이다. 공동의 문화도시를 만들고자 하는 건축담론이 실현된 도시인 셈이다. 이 두 문화도시는 아름다운 예술작품으로부터 도시의 미학적 배경을 끌어오고, 건축과 자연을 조화시키려는 의지를 보여준다. 하지만 여전히 밤에는 인적은 사라지고 건축은 박길룡의 지적처럼 "로버트 벤투리의 '오리'처럼 변해간다".[4] 파주출판도시와 헤이리 아트밸리는 아직 닫히지 않은 현재 진행형의 건축도시다.

한편 2010년대 저성장 시대의 뜨거운 건축 시장으로 떠오른 판교단독주택단지는 2,000여 세대의 대규모 단독주택 지구다. 건축이 집합적으로 모일 수 있는 마지막 기회의 땅일지도 모른다. 아파트 단지의 균질성과 폐쇄성을 탈피하고자 실험적으로 계획된 저밀도 신도시인 이곳은 아파트를 떠나 자기 집을 짓고자 하는 젊은 건축주들이 선도했다. 아무것도 없는 백지 상태의 택지개발지 위에 많은 건축가 집을 올렸다. 이런 이유로 매체에도 자주 소개되었고 특히 오늘날 젊은 건축가들의 데뷔 무대가 되기도 했다. 세운상가나 파주출판도시처럼 어떤 정치적 선언이나 공동의 담론이 계획을 이끈 것은 아니었지만, 제도적 지침과 개인의 욕망에 의해 가동되는 풍경은 일종의 건축 전시장과 같다.

이번 전시는 이처럼 개별 건축물에 대한 소개보다는 건축 유토피아라는 어떤 이상이 담겨 있는 특정 현상에 대한 탐색이다. 사진, 드로잉, 영상, 그래픽, 텍스트 등의 시각 매체를 혼성 배치함으로써 이 주제에 다각적으로 접근했다. 그리고 이 요소들을 잡지를 편집·디자인하듯 배열하여 잡지의 특집 기사를 보는 듯한 느낌을 살렸다. 건축가, 사진가, 비평가, 그

---

3 서울시는 2015년 6월 16일 '세운상가 활성화를 위한 공공공간 설계 국제현상공모'의 당선작으로 이_스케이프(김택빈, 장용순, 이상구)의 「현대적 토속(Modern Vernacular)」을 선정, 발표했다.

4 박길룡, 「한국적 유토피아, 구름 그림자」(이 책의 53쪽) 참조.

래픽 디자이너, 만화가, 미디어 아티스트 등 각기 다른 배경을 가진 다양한 분야의 전문가들은 이 특집 기사의 필진들인 셈이다. 강홍구, 김수근, 김용관, 김종규, 김종오, 김준성, 노경, 박정현, 배형민, 서현석, 신경섭, 안세권, 안창모, 옵티컬레이스(김형재, 박재현), 이영준, 이종석, 전봉각, 정다운, 조성욱, 최호철, 플로리안 베이겔, 황효철은 '아키토피아의 실험'을 포착하는 이미지 수집가이자 제작자로서 특정 시점에 드러난 유토피아의 흔적들을 보여준다. 최초의 작업 목적은 각자 달랐지만, 전시라는 하나의 장에 모이면서 건축이 그리고자 했던 이상과 현실의 간극을 드러낸다.

유토피안의 꿈

세운상가의 못다 이룬 꿈은 무엇이었을까? 50년 만에 일반에 공개된 김수근(1931-1986) 건축연구소의 세운상가 계획 원도는 실패한 그의 이상을 보여준다. 옥상 놀이터 계획이나 3층과 5층 데크를 받치고 있는 V자형 구조체는 원안대로 실현되지 못했고 김수근은 세운상가를 그의 포트폴리오에 드러내지 않았다. 서현석(b.1965)과 안창모(b.1962)의 영상 작업 「잃어버린 항해」는 거대한 군함 같은 이 건물의 역사에 참여한 건축가, 도시계획가, 상인 들의 구술로 한국 최초 재개발 주상복합아파트였던 세운상가의 잊힌 역사를 들춘다. 안창모가 자신의 연구 자료와 여러 기관 및 개인 소장자로부터 대여한 원본 자료로 구성한 「세운상가의 탄생과 몰락 그리고 부활의 서사」는 세운상가를 세계사적 맥락에서 다시 조망해 보기를 제안한다. 여전히 세운상가는 변화의 압박에 놓여 있지만, 안세권(b.1968)의 신작 「세운상가가 보이는 서울 파노라마」에서 보이듯, 어수선한 주변 풍경 변화에 무심히 남아 있는 것도 다름 아닌 세운상가다. 허름한 겉모습과 달리, 노경(b.1986)의 사진 「레코드 시리즈-세운상가」는 햇빛을 머금어 따뜻하게 빛나는 세운상가의 중정을 비춘다. "적어도 겉으로 보이는 세운상가는 이제는 낡아버린 유토피아의 패러다임처럼 비좁고 지저분"하지만 "세운상가 건물은 1970년대가 우리에게 보여 줄 수 있는 최선이다. 그것은 흉측한 포스트모

더니즘이 나타나기 전에 조신하게 자신을 갈고 닦던 근대의 모습이다".[5]

건축도시로의 여정

파주출판도시의 시작을 우리는 잘 알지 못한다. 초기 출판도
시의 이상은 도시계획가 박병주의 낯선 그림에서처럼 지금
보다 낭만적이고 대중적인 이미지다. 우리가 지금 알고 있는
파주출판도시 구상의 미학적 배경은 파울 클레(Paul Klee)의 「N6 도시
의 책들로부터 뽑아낸 한 페이지」로부터 왔다.[6] 이 그림에 영감을 받은 건
축가들의 이상이 플로리안 베이겔(Florian Beigel, b.1941) 등이 참여해
작성한 건축지침서 「파주의 랜드스케이프 쓰기」에서 빛난다. 이 드로잉
들은 생태도시로서 출판도시의 이념을 상징적으로 담고 있다. 도시의 목
표, 땅의 이해, 도시 구조, 자연과의 배치법 등이 드러난다. 김종오(b.1974)
의 사진은 이제 막 건설이 시작된 초기 출판도시의 주요 건축을 기록하고,
이종석(b.1973)의 영상은 '파주 출판도시의 2008년 여름'을 여러 각도에
서 아름답게 조망한다. 이 이념의 도시를 조직하기 위해 참여한 다양한 사
람들의 생각과 이 도시의 화두를 배형민(b.1961)과 정다운(b.1975)의 인
터뷰 「목소리의 방」은 묻고 있다.

김용관(b.1969)의 「파주출판도시의 밤」은 드물게 밤의 풍경을 포착
하고 있다. 밤이 되자 활동이 뜸해진 불 꺼진 출판도시의 풍경이다. 사진
하단의 대형 아웃렛은 커져 가는 상업적 요구와의 접점을 택할 수밖에 없
는 출판도시의 현재 상황을 짐작케 한다. 옵티컬레이스(김형재, b.1979,
박재현, b.1979)의 「출판단지 가는 길」에서처럼 출판도시로 출퇴근하는
사람들은 대부분 파주에서 살지 않는 외지인이다. 도시 내부에 거주하기
보다 외부로부터의 출입이 더 활발한 곳이다. 도시 내부의 정주와 순환에
대한 문제는 시간이 흘러도 풀기 어려운 문제인 듯하다.

헤이리 아트밸리의 방법론도 출판도시와 크게 다르지 않다. 지형
과 어울리는, 그 땅의 품새를 반영한 건축물에 대한 설계 지침이 김종규
(b.1960)와 김준성(b.1956)에 의해 만들어졌다. 파울 클레의 작품들은 헤

---

5 이영준, 「근대의 마지막 교훈」, 『초조한도시』(안그라픽스, 2010), 82-83쪽.
6 출판도시문화재단 편집부(엮음), 『파주 책 마을 이야기』, (파주출판도시협동조합,
2008), 86-87쪽.

이리 계획에서도 중요한 레퍼런스가 되었다. 이 지침은 출판도시의 그것보다 느슨했는데, 열린 규약의 틈새로 건물의 상업화가 가속화되었다. 2004년만 해도 헤이리는 미지의 땅으로 유토피아가 연상되는 아름다움과 기대가 있는 장소였다. 강홍구(b.1956)의 사진은 이제 막 건설이 시작되는 헤이리의 풍경을 담아내면서도, 마치 건물이 철거되는 듯한 미묘한 경계의 순간을 포착하고 있다. 그의 말처럼 "헤이리 마을은 자신을 손대지 않은 자연 생태계를 닮아 가고 있는 것일지도 모른다".[7]

욕망의 주거 풍경

판교는 경부고속도로라는 든든한 배경 덕에 탄생했다. 1968년 착공되어 1970년에 완공된 경부고속도로를 축으로 많은 도시가 생겨났다. 김현옥 서울시장의 말처럼 "도시는 선이다".[8] 그 선이 연결되면서 도시는 만들어진다. 2기 신도시 판교는 강남과의 접근성이 1기 신도시 분당보다 좋은데다, 서울의 인프라를 풍부하게 이용하면서 신도시 생활의 쾌적함을 즐길 수 있었기에 '로또'라 불리며 폭발적인 인기를 얻었다. 전몽각(1931-2006)의 「경부고속도로」 사진에서 보이는, 대역사(役事)의 줄기에서 뻗어나온 길들이 혈관처럼 서판교 일대를 연결시키고 있다. 서판교 일대의 주택지는 기존에 우리가 기억하는 한산한 단독주택단지의 느낌과 다르다. 판교단독주택단지의 컨텍스트는 신경섭(b.1979)의 사진이 보여주는 것처럼 매우 복잡하다. 주택단지 배후에는 판교테크노밸리와 상가주택, 아파트 등 여전히 복잡한 기존 도시의 일면들이 공존하고 있다. 원래 한적한 농터였던 판교는 최호철(b.1965)의 그림과 이영준(b.1961)의 사진에서처럼 "경기도 성남시의 작은 동네에서 대한민국 최고의 부동산 투자 대상지로 여행을 떠났다".[9]

옵티컬레이스의 「왜 판교인가」와 박정현(b.1974)과 협업한 「판교 유토피아: 판교지구단위계획, '해야 한다'와 '해서는 안 된다'의 세계」는 판교 풍경에 대한 거시적이고 사회적인 맥락에 대한 분석을 제공한다. 「왜

---

7 강홍구, 「변방의 유토피아: 헤이리 기행 10년 후」(이 책의 202쪽) 참조.
8 김현옥 서울시장(1966년 3월-70년 4월 재임)은 '불도저 시장'으로 불리며 세운상가, 청계고가도로, 오늘날 강남지구 개발 등 서울 도시 구조의 밑그림을 그린 인물이다. 그의 수많은 건설 구호 중 "도시는 선이다."라는 말은 많은 이의 이목을 집중시켰다.
9 이영준, 「사라진 풍경」, 『초조한 도시』(안그라픽스, 2010).

판교인가」는 지형적으로 강남북에 위치한 신도시들의 지가 상승률을 비교하면서, 왜 판교를 포함한 강남 계열의 도시들이 뜨겁게 달아올랐는지 설명한다. 「판교 유토피아」는 이상적인 공동체를 꿈꾸는 판교지구단위 계획 지침들을 필터링하여 시각화한다. 이웃과의 교류를 위해 공유외부 공지를 '만들고' 담장을 '설치하지 말라'는 제도적 조건은 아이러니하게도 이영준의 「왜 판교는 창문을 싫어할까」처럼 판교 대부분의 집이 외부와 차단된 건축이 되게끔 했다. 이처럼 내향적인 판교의 집들은 건축주의 취향과 건축가의 욕망을 반영하여, 제각기 특색 있는 재료로 마감한 여러 얼굴을 보여준다. 주택들의 정면을 포착한 황효철(b.1977)은 「유형을 보다」를 통해 건축가, 혹은 우리가 집장수라 부르는 이들이 지은 집들, 시공사가 지은 판매형 주택들 등을 적당한 거리를 두고 무심히 포착한다.

이런 유형들 중 하나인 '무이재'라는 집을 들여다보자. 건축주이자 건축가인 조성욱(b.1971)의 집 '무이재'는 이제 판교의 외부가 아닌 건물 내부로 시선을 돌려 미시적 관점에서 집이 만들어지는 하나의 세계를 보여준다. 그의 작품 제목 그대로 '동상이몽'의 과정이다. '집짓기'란 공동체의 풍경에 기여하는 어떤 요소인 동시에 거주에 대한 근원적인 유토피아적 욕망을 풀어내는 것이다. 김승회의 말처럼 "판교의 주택에 사는 이들을 만나 보면 그들이 거주하고 있는 집을 얼마나 간절히 원했는지" 알 수 있다. 그들에게 "집은 우주의 중심"이다. 아직은 차가운 도시, 외부와 열리지 않은 건축만 있는 도시, 창문이 없는 집들과 보이지 않는 담장 등 아직 규정할 수 없는 신도시 판교의 풍경 속에서 "우리는 결국 이 집들이 외부인들이 바라보고 평가하기 위해 세운 것이 아니라 머물러 살기 위해 지어졌다는 사실을 생각해봐야 한다".[10] 이 복잡미묘한 맥락 속에서 판교를 어떤 거리에서 바라보고 어떤 차원에서 이해할지 그리고 이런 건축에 대한 태도들이 향후 개인화된 유토피아에서 어떻게 작동할 수 있을 것인지를 묻게 한다.

10 김승회, 「오래된 기억 또는 새로운 양상, 대단위 주거 계획이 만든 판교의 새로운 유형과 현상」, 『공간』(2014.12).

거대 건축이 사라진 이후

이 장소들은 저마다 동기와 배경을 달리하지만, 지금보다 더 나은 장소를 그리는 욕망에서 출발한다. 문학평론가 존 케어리(John Carey)의 말처럼 "유토피아는 그냥 없는 곳이 아니라 욕망이 투사된 장소"[11]이다. 이곳들은 현실과의 미묘한 힘겨루기를 거쳐 그 의미가 지속되거나 퇴색되거나 변형되거나 대체되었다. 유토피아 건축 계획을 이끌었던 국가의 욕망은 점차 희미해지고, 이제 건축물은 개인의 개별적 욕망을 담는 그릇이 되었다. 세운상가에서 판교단독주택지에 이르기까지 유토피아의 당위도 지극히 개인적인 방향으로 흘러간다. 파주출판도시와 헤이리 아트밸리, 판교단독주택지에 참여한 당대의 세대별 건축가들의 작업을 들여다봐도 이런 경향이 뚜렷이 드러난다. 전시장 출구에 배치된 옵티컬레이스의 작업 「건축가 세대론」에서 보이듯, 세운상가를 설계한 35세의 김수근과 오늘날 30-40대 젊은 건축가들이 접하는 건축 시장의 크기와 기회의 횟수는 매우 다르다. 세운상가와 파주출판도시, 헤이리 아트밸리와 같은 대규모 건축 작업의 기회조차 사라진 저성장 시대의 지금, 전시의 마지막 섹션인 판교는 어쩌면 개인의 욕망 사이에서 지금보다 나은 내일을 꿈꾸는 아키토피아의 새로운 장을 여는 장소일지도 모른다. 규모의 변화, 태도의 변화, 역할의 변화 그리고 지금 건축에 도래한 사회적 요청은 거대 건축이 사라지고 난 지금의 우리 건축이 모색해야 할 틈새를 비춘다.

역사적으로 건축가들은 재난으로 폐허가 된 땅, 재개발로 백지가 된 땅, 그 밖의 미지의 장소에서 무언가를 희망하고 만들고자 했다. 그것은 1960년대의 세운상가, 2000년대의 파주출판도시와 헤이리 아트밸리의 건축들, 오늘날 작은 주택을 포함한 여러 방식으로 움을 틔우고 있는 소규모 건축 실천에 이르기까지 건축을 작동시키는 거부할 수 없는 힘이다. 두려운 것은 어쩌면 좌절된 꿈 자체가 아니라 그 꿈이 작동하는 방식조차 질문할 수 없다는 점일 것이다. 그 질문을 위한 자그마한 생각의 단초를 이 전시가 제공했다면, 기획의 의도는 성공한 것이다. 그리고 책에 실린 10편

---

11 윤난지, 「추상미술과 유토피아」, 『미술사학』 제27집(2006), 222쪽에서 재인용.

의 글은 건축 유토피아라는 주제를 확장하고 이를 전시장을 벗어난 지금 여기 이후의 이야기로 시선을 돌리게 한다. 도시계획학자와 건축이론가의 아키토피아를 둘러싼 다른 해석, 재건 후 가장 역동적으로 일군 1960-70년대 국가 주도 유토피아의 흔적들, 건축가들이 적극적으로 개입하여 일군 파주출판도시, 헤이리와 새로운 이 시대의 공동체를 고민하게 하는 판교단독주택지를 바라보는 비평가와 아티스트의 상이한 생각들, 마지막으로 한 소설가가 자신의 개인적 경험을 투사해 그려내는 도시에 대한 단상까지. 이 책에 수록된 이야기들이 우리 건축과 도시를 비평적으로 읽기 위한 텍스트가 되길 바란다. 질문을 던지고 그 답을 찾는 한, 우리는 건축에 대한 희망을 놓지 않는 셈이다. 유토피아를 향한 어긋난 욕망이 자꾸 우리를 미끄러지게 한다고 해도.

UTOPIAN DREAM

서울을 기막힌 이상도시로 만들어야 되겠다는 일념에 나이는 45세 였고 한국건축을 크게 혁신하고자 했던 45세 김현옥과 35세 김수근의 '일을 통한 최초의 만남 이 단계에서 완전히 의기투합했다. 김수근은 그 자리 의뢰받았으며 그해 11월에는 서울시 도시계획위원으 김수근은 김시장의 측근 브레인이 되었으며 1967년 계획, 이어서 3.1 고가도로(청계고가도로)의 구상과 스 일대의 결작인 여의도 종합개발 계획을 수립했다.

"세운상가는 폭이 50m에 길이가 1km가 되기 때문에 하나의 주구 상의 단위가 되기는 불가능하고 도시의 한 부분, 하나의 파편이 된다고 생각했어요. 좀 더 길게 보면 서울에 점점 인구가 늘어나고 그런 것들이 반복되면서 그런 리니어한 블록들이 길게 늘어나면 그것이 하나의 도시가 된다. 그 당시의 서울은 전부 파괴된 것을 긴급 복구하는 과정에서 제대로 된 도시가 아니었기 때문에 그런 과정을 거치면서 새롭게 태어날 수 있는 세포조직이 된다고 그렇게 생각을 했던 거지요." ◇

"Since Sewoon Sangga is 50m wide and 1km long, it cannot be considered to be a unit of a neighborhood; rather, I felt that it would be best reflected as being a part or a fragment of the city. In the long run, as the population of Seoul keeps on increasing and these linear blocks become longer, it will eventually form a city. But Seoul at the time was not a proper city as it was in the process of urgently restoring everything that had been destroyed. So he thought of it as being a form of cellular tissue that could be reborn in the process." ◇

Mayor Kim Hyeon-ok was 45 years old w determined to turn Seoul into a extraord Kim Swoo Geun, whose goal was to brin the Korean architecture, was 35 years old through work' began as such, stood on a which enabled them to stay on the same Swoo Geun was requested on the spot t by Kim Hyeon-ok and in November, was of Seoul City Planning Commission. Sinc became a close aide to Mayor Kim, and i Namdaemun district redevelopment plan designed the 3.1 Overpass (Cheonggye C the development plan for Yeouido in 196 be the masterpiece of his life.

세운상가 모델, 김수근 문화재단 기증, MMCA 아카이

ISSUE #02 건축도시로의 여정

29

아키토피아의 실험

프롤
로그

Experiment of
Architopia

조명래

한국 건축도시 모델의 비평: 아키토피아의 실험과 건축도시담론의 전개

건축 이상향, 아키토피아는 어디에 있나?

건축가라면 누구나 꿈꾸는 세계가 있다. 아키토피아는 건축가들이 그리고 조형해내고 이를 통해 더 나은 삶이 구현되길 꿈꾸는 이상향을 일컫는다. 건축의 영어 말 '아키텍처(architecture)'와 이상향의 영어 말 '유토피아(utopia)'를 합친 말이 아키토피아(architopia)다. 유토피아는 '어디에도 없는 곳(no place)'이란 뜻이다. 그렇다면 아키토피아는 현존하지 않는 건축적 이상향일 뿐이다.

그렇지만 인류의 역사는 아키토피아의 역사다. 인류가 만드는 건축(물)치고 꿈과 욕망이 서려 있지 않은 것이 없다. 아키토피아는 그런 점에서 현실이다. 도시는 긴 시간에 걸쳐 구축된 아키토피아의 실험장이자 구현된 실재이다. 건축가의 개입으로 건축의 조건을 확장시켜 이를 도시적 조직으로 창출하는 건축의 사회적 실험 공간을 건축도시라고 한다. 건축가의 꿈과 이상을 질료로 해서 만들어진 건축도시는 건축적 이상향인 셈이다. 물론 현실로 구현된 건축도시가 그 꿈에 얼마나 근접했는지는 다른 질문이다. 실재하는 아키토피아는 꿈과 현실 사이 그 어디쯤에 있을 것이다.

민초들의 건축도시

한 시대의 아키토피아는 전문가인 건축가의 바람과 역량으로만 이루어지는 게 아니다. 그 시대를 함께 살아가는 보통사람들의 꿈, 권력 그리고 물질력이 혼용된, 시대를 표상하는 것으로 건축도시가 구현되는 법이다. 근대의 한국을 보더라도 그러하다. 전쟁 폐허를 극복하면서 한국은 세계적으로 유례없는 빠른 근대화를 이룩했고 우리 도시의 건축은 그 과정을 담고 표현하고 있다.

해방과 전쟁 끝에 찾아온 한국의 근대는 인구 대다수가 농촌을 탈출해(exodus) 도시에 새 터전을 구축하는 것으로 시작되었다. 반세기 동안 전개된 한국의 근대화는 공간의 근대화 그 자체이며, 그 완성본은 도시공간 위에 그려진 건축이었다. 훈련된 건축가와 직업과 산업으로서의 건축이라는 영역이 희미하던 성장 초기, 농촌에서 도시로 꿈을 찾아 옮겨간 민초들이 스스로가 건축가가 되어 도시의 대지 위에 가난하지만 꿈이 어린 '그들의 건축'을 했다.[1]

'희망의 빈곤(poverty of hope)'은 물질적으로 가난했지만 강한 욕망으로 충만했던 민초들의 '삶의 방식'이었고 도시는 이를 표방하는 건축적 기호들의 모듬이었다. 한때 서울의 3분의 2를 채웠던 '달동네'는 스스로 건축가가 되어 만든 민초들의 아키토피아였던 것이다. 판자, 양철, 마분지 등으로 얼기설기 지어진, 조악한 달동네 집들은 가난한 민초들이 물질적 결핍 속에서 꿈을 재료로 하여 구현한 '대표 건축'이었다. 훈련된 건축가의 눈높이로는 허접하고 지워내야 할 대상인지도 모르지만, 달동네 집으로 대표되는 성장 초기 도시건축은 민초들이 대지 위에 그린 '희망의 건축'이었다.

---

1   조명래, 『현대사회의 도시론』(도서출판 한울, 2002).

'건설만 있는' 건축도시

물질적으로 가난했지만 정신적으로 강했던 생존의 욕망은 쓰나미가 되어 들이닥친 자본주의적 욕망으로 빠르게 바뀌었다. 성장기(1970년대)로 접어들면서 도시의 건축들은 개별 주체의 의지와 관계없이 국가와 시장의 권력을 반영하는 집합적 방식으로 생산되기 시작했다. 이렇게 해서 외양을 드러낸 건축들은 강한 상업적 기표들을 달고 있었다. 모든 것이 부족했고 절실히 필요했던 시절, 국가가 이끈 성장과 개발은 공급만능주의란 이름으로 도시공간에 생산과 재생산을 돕는 다양한 건조물이 대량으로 만들어졌다. 도시의 뒷마당에는 달동네형 건축물이 남아 있었지만, 도시의 앞마당에는 찍어낸 듯한 도로, 공원, 주택단지, 공장, 오피스 빌딩 등이 채곡채곡 쌓여갔다.

하나하나의 건물들은 건축주의 주문을 받아 설계사무실이 돈을 받고 찍어 판매하는 표준화된 상품에 불과했다. 개발과 성장의 붐 속에서 수요가 폭발적으로 늘면서 건설회사들은 복제와 다름없는 방식으로 건축물을 대량 생산해 도시공간을 메워나갔다. 국가가 개발이란 이름으로 국토공간을 파헤친 뒤 생산에 필요한 각종 구조물을 구축했다면, 시장은 건설이란 이름으로 개발(건축, 토목)쟁이들이 도시공간을 파헤친 뒤 도시 삶의 재생산에 필요한 도구적 건물들을 건조했다. 이로써 도시들은 '건설만 있고 건축이 없는' 건축도시로 획일화되어갔다. 그 획일성은 도시 내 장소 간 건축적 기호들의 변별력 결핍으로 나타났을 뿐만 아니라 도시 간에도 그러했다. 건설이 지배하던 시절, 전문 직업으로서 일군의 산업으로서 건축가들이 나타나기 시작했지만, 건축적 획일성은 여전했다.

비록 민초들의 건축보다 외관이 나아지고 더 계획적(설계적) 방식으로 생산되었다 하더라도, 전문 개발자들에 의해 기업적 방식으로 대량 생산된 건축물에는 더 이상 창조적 건축가의 꿈과 욕망이 보이지 않았다. 있었다면, '체제에 의해 식민화'되어 있거나 자본주의적 타자의 기호로 강하게 물들어 있었다. 아키토피아는 상업적 개발자의 그것으로 바뀌었던 것이다. 판잣집으로 대표되는 달동네형 건축물들은 '근대도시계획'이라는 국가의 방식으로 교체되지만, 그 또한 강한 자본주의적 코드를 달고 있었다. 이렇게 해서 성장기가 본격화되면서 도시의 뒷마당(도시주변부 포함)은 싹 다 재개발 단지로 탈바꿈했고, 남루한 건물로 빼곡한 도시의 앞마당(도심부)도 도심재개발이란 허울을 쓰고 고층 오피스 블록으로 변신했다. 근대 건축물들로 도시공간은 다시 태어났지만, 장소를 메운 건축(물)에는 꿈과 내러티브(narrative)가 없었다. 강한 자본주의적 욕망과 논리만 있고 이를 대변하는 건설사 혹은 소유주의 그것만 있다. 건축은 그래서 건설로만 이야기될 뿐이었다.

권력적 건축도시

도시에는 오랜 세월 살아온 사람들의 삶 조직들이 실핏줄처럼 얽혀 있다. 직조된 공간이어서, 어느 한 부분을 도려내고 바꾸는 것은 공간 전체를 일시에 생산하고 건조하는 것보다 더 힘들다. 따라서 막강한 권력의 작용이 가해질 때만 기존 도시공간은 해체 또는 재조직되는 법이다. 도시공간의 이러한 변화는 고도성장을 이끈 개발독재 아래에서 실제 일어났다. 조국근대화 기치를 내걸고 서울의 공간 구조를 대대적으로 바꾼 김현옥 시장 시절(1966-1970)의 서울개조가 바로 그러하다. 청계천 복개와 고가도로 설치, 지하보도와 육교 설치, 남산터널, 교통광장(삼각지 로터리) 설치, 아파트단지 조성, 한강 및 여의도 개발, 강남 신도시 개발, 도시외곽순환도로 건설 등은 모두 '불도저'로 불리던 그의 재임 시절 서울 전역에서 이루어졌던 서울개조사업(도시근대화)이었다.

이러한 공간 인프라를 바탕으로 고도성장기에 접어든 도시는 '건설만 있는' 건축도시로 하루가 다르게 변모해갔다. 여기엔 건설을 뒷받침하는 정치적 권력만 아니라 도시의 물리적 형상을 조형해내는 건축적 권력도 중요한 조력자가 되어 함께했다. 건축인 김수근이 대표적 인물이다. 그가 설계한 워커힐 호텔의 힐탑바, 세운상가, 낙원상가, 청계천 3·1고가도로, 국회의사당, 남산 자유센터와 타워호텔, 종합문예회관(현 아르코 공연장 및 미술관), 국민투자금융 본사, 주한미국대사관, 대법원 종합청사, 치안본부청사, 남영동 대공분소 등은 특히 서울 곳곳에 남아 있다. 개발시대 독재정권이 발주한 대형건축물을 위주로 설계한 그의 건축물들은 대부분 강한 권력적 기호를 내포한다. 실제 그는 권력과 깊은 유착관계 덕분에 개발독재정권의 '한국기술개발공사' 대표이사까지 맡아 여의도 개발, 한강 개발, 남산 개발, 서울 도심 개발 등 국가를 대신해 도시를 개조하는 작업을 수행했다.

따라서 그의 건축물은 건축가 '개인'의 작품이라기보다 개발독재와 유착하여 권력적으로 생산된, 그러면서 도시의 공간틀을 짜고 지배하는, '체제에 의해 생산된 도시건축(물)'이라 할 수 있다. 세운상가가 그 전형적인 예다. '누워 있는 마천루'로 서울 중심 남북을 가로지르면서, 수백 년에 걸쳐 형성된 건조물들의 동서 흐름을 절단하고 있는 메가스트럭처(mega structure) 세운상가는 그 자체로 '건축도시'다. '도시를 삶의 기계(living machine)'로 전제하면서 설계했던 르 코르뷔지에(Le Corbusier)의 집합주택(Unité d'habitation) 개념을 차용하여 건축된 세운상가는, 비록 미완이고 왜곡되어 있지만, 한 시대를 이끈 건축가(집단)의 건축적 이상을 담아내려 했던 건 분명하다. 한국을 대표한다는 그의 건축물 중에 다수는 시간이 흐르면서 독재권력을 돕고 미화하는 반면 민중의 삶을 억압하고 배제(예를 들어, 남영동 대공분소)하는 모순들을 보여주고 있다. 그의 아키토피아는 그래서 치열한 해석의 대상으로 남게 되었다.

복제의 건축도시

1970년대를 접어들면서 서울의 도시 성장은 한강을 넘어 남쪽으로 뻗어갔고 토지구획정리사업 같은 도시계획적 수법은 그곳을 일거에 대단위 아파트 단지로 일구었다. 성냥갑으로 불리는 아파트 단지의 프랙탈(fractal, 동형반복) 방식의 공간적 조형은 전형적인 '복제의 도시' 만들기 수법이었다. 투기적 개발 열풍을 동반한 강남개발은 수많은 공동주택을 판에 찍어내는 방식으로 이루어졌고,

미개발지에 건설된 단지의 외형적 풍경은 건축도시라 해도 나무랄 데 없었다. 근대 건축물들의 집합장이지만, 그곳의 건축에서는 어떠한 아키토피아에 대한 연상작용을 불러일으키지 않았다. 개성 없는 회색건물들로 메워져 있는 아파트 단지의 풍경은 도시의 사막과 같다. '거대한 주거병영'이란 별명은 실제 강남의 대규모 아파트 개발로부터 유래한 것이다.

1980년대 중반을 접어들면서 지속적인 경제성장 덕분에 소득 향상과 함께 삶의 여유를 누리게 된 도시 중산층이 본격 등장하기 시작했다. 이들의 부의 기반은 대부분 강남개발로부터 획득한 부동산이었다. 돈이 되는 아파트들로 들어차고 강북으로부터 국가기관들이 옮겨오면서 강남은 특권적 건축도시로 빠르게 탈바꿈했다. 1980년대 후반에 들어오면서, 강남형 주택에 대한 수요는 더욱 늘었고, 그에 따른 가격 상승과 투기 열풍 또한 걷잡을 수 없는 지경이 되었다. 이와 함께 주택시장에서 배제된 사회적 약자들의 주거적 삶은 한계 상황으로 더욱 내몰렸다. '강남' 아파트는 고가의 주거 상품으로 특성화되었고, 그러한 건축물로 꽉 찬 강남은 거대한 투기적 부를 잉태한 '건축도시'로 확고히 자리 잡았다. 강남형 고가주택(아파트)에 대한 수요와 가격 폭등은 서울, 나아가 수도권 전역에 전월세란과 같은 주거 불안을 늘 수반했다. 1980년대 후반 전세 파동은 세입자들을 죽음으로 내몰았고, 이는 급기야 신군부정권(노태우정권)의 '지배의 정당성'에 커다란 도전이 되었다. 이에 정권은 '수도권 5개 신도시' 건설로 대응했다. 국가권력에 의해 추진되었던 만큼, 60여 개 이상의 건설회사가 동원되듯 참여했고, 인구 30-40만이 사는 도시 3-4개가 불과 5년여 만에 뚝딱 만들어졌다. 외양적으로는 전형적인 건축도시지만, 분당 같은 신도시는 기실 중산층이 몰려 사는 강남의 확장된 신시가지와 같았다. 강남을 진원지로 하는 주택문제가 해결된 게 아니라 공간적으로 오히려 확장시켜 놓은 게 수도권 5개 신도시 건설이었다.

신도시란 이름으로 불리지만, 한국에는 '신도시 건설법'이 없다. 있다면 '택지개발촉진법'이 있다. 이 법에 의거해 신도시가 만들어졌다는 것은 택지를 조성하는 방식으로 도시가 만들어졌음을 뜻한다. 여러 신도시가 있지만 아파트로만 구성된 주거단지들을 복제해 만든 꼴이 된 것은 '택지를 개발하는 방식'으로 도시를 일거에 건설한 것에 연유한다. 그러한 신도시에서 건축가들의 아키토피아를 찾는 것은 사치다. 하지만 거주자 누구도 그곳이 진정한 도시인지에 대해 물음을 제기하지 않았다. 그러면서 그들은 그곳의 삶을 행복하게 여겼다. 그것은 아파트가 보장하는 자산 증식의 행복이었을 뿐, 도시의 보금자리가 주는 행복과는 거리가 멀었다. 건축은 있되 복제된 것에 불과했고, 건축적 꿈은 있되 '투기적 재산 가치를 추구하는 것'에 불과했다. 그러나 국가적 계획이나 기업의 사업계획에 참여한 건축가와 도시계획가 들에게 신도시는 클라이언트의 꿈과 욕망을 그들의 전문성 속에 담아 건축적 이상을 대신 그리는 캠퍼스와 같았다. 기성도시에선 구현할 수 없는 주거시설의 효율성과 편리성, 근린주구 개념을 반영한 단지의 배치와 구성 등은 '제도화된 건축시스템' 속에서 그들의 건축적 이상을 제한적으로나마 구현하는 방식이었다.

'건축의 사회적 실험'으로서의 건축도시

비록 주거병영지로 일컬어지긴 했지만 신도시 건설이 건축가들의 건축적 이상을 제한적으로나마 구현할 수 있는 기회와 경험이 되었던 건 분명했던 것 같다. 이러한 기회와 경험의 누적이 있었기에 건축가는 그들이 꿈꾸는 아키토피아를 언젠간 구현할 날을 기약할 수 있었다. 그 기회는 1990년대 경기도 파주에 조성된 출판도시, 즉 북시티(book city) 프로젝트를 통해 실제 왔다. 클라이언트의 주문에 맞춰 건축적 이상을 대리 실현하는 역할자에서, 아키토피아에 클라이언트의 생각을 맞추어 건축적 이상을 직접 실현하는 역할자로의 전환이 북시티 프로젝트를 통해 어느 정도 이루어졌던 것이다.

1989년 결성된 출판인 조합은 1998년 파주에 출판단지 조성을 위한 5만 평의 땅을 확보했고, 이어 건축 코디네이터의 도움으로 건축 구상을 하면서 '대지 위에 쓰는 크고 아름다운 한 권의 책' 북시티를 건축하고자 했다. 법적 지위로는 산업단지에 불과했지만, 건축주와 건축가 모두 한국의 기성도시 패러다임을 넘어서는 '이상 도시(ideal-type city)'[2]를 꿈꿨다. 이러한 야심찬 도시비전을 가지고 건축 코디네이터는 건축의 사회적 실험장으로 건축도시 조성에 박차를 가했다. 그 실험이란 '이곳의 건축은 항상 열려 있습니다. 도시가 건축 속으로 들어가고 건축이 도시 속으로 들어가게 됩니다.'이란 언명으로 축약할 수 있다.[3] 단지가 도시로 변환되는 것은 건축가의 개입으로 건축의 조건을 확장시켜 이를 도시적 조직으로 창출되는 '건축의 사회적 실험'에 의한 것이다.

개별 건축의 관점에서 도시적 조직을 해석함으로써 건축과 도시적 조직은 처음부터 깊숙이 관여한다. 그래서 도시적 맥락에서 건축적 유형화 계기를 추출하고, 다시 건축적 유형을 바탕으로 도시적 조직을 짜가는 방식이 파주출판도시 실험의 비법이었다. 이 비법을 실행에 옮기기 위해 아키토피아의 실험자들은 처음부터 완벽하게 그린 밑그림에 따라 도시를 만들어가는 마스터플랜 류의 접근 대신 '불확정적 공간(indeterminate space)'이란 개념 위에서 최소한의 '공동성의 지침'[4]에 따라 공간을 구축해가는 방식을 시도했다. 그러나 북시티란 이름으로 구현된 결과는 담론으로서의 건축과 현실로서의 건축 간에 심대한 괴리를 보여주고 있다. 이는 '건축과 출판의 긴장', '건축과 사람의 긴장', '공동성과 개별성의

2 "서울뿐 아니라 어느 도시에서나 목격되는 부조화의 도시계획, 불균형한 도로체계, 너절한 건물, 어지러운 간판들의 집합체인 거리는 왜곡된 우리의 삶을 그대로 반영하는 것이란 뜻이다. 이 같은 왜곡된 도시풍경은 다시금 곤고한 우리의 삶을 더욱 옥죄어 오는 것이니, 한 번 왜곡된 도시나 건축은 끊임없이 악순환의 고리로서 우리를 괴롭힐 것이다. … 이제 우리는 이러한 상황을 개탄만 할 것이 아니라 새로운 대안을 찾을 때가 된 것이다."(「파주출판도시 방문객을 위한 안내서」)

3 승효상, 「Communality(파주출판도시): 새로운 시대 새로운 도시」, 『이상건축』 2월 호(2004).

4 "건축지침의 핵심은 땅과 건축과의 새로운 관계인 공동성의 모색이다. 건축이 모여 도시를 이룬다는 생각에서 땅과 환경의 조건에서 건축이 도출되어야 한다는 사고로의 전환이 파주출판도시 건축지침의 근본을 이루는 철학이다. 이러한 철학을 바탕으로 비움과 그 비움을 설계해야 하는 당위성이 이해되며, 땅에 채워진 개념의 구축체계인 건축보다도 건축과 건축 사이에 존재하는 빈 곳을 주목하게 된다. 덜 미학적이지만 더 윤리적인 공간으로서의 빈 곳은 건축과 건축의 관계를 개별성과 경계로 보지 않고 확정되지 않은 미래가치의 변화를 담아낼 수 있는 전략적 개념공간으로 파악한다. 건축 사이 사이의 빈 공간에 갈대 샛강과 한강의 낙조 그리고 심학산의 자연이 시시각각 변화하는 모습으로 삽입되어 땅과 건축의 공동성이 실현될 수 있고, 그 사이공간에 사람과 생활이 만들어내는 문화의 공공성이 실현될 수 있다"[이영범, 「공동성의 가치는 실현되었는가?: 파주출판도시와 건축의 사회적 실험」, 『공간』 7월 호(2004), 159쪽].

긴장', '건축 안과 밖의 긴장', '인간과 자연의 긴장', '도덕과 이윤의 긴장', '현실과 미래의 긴장', '단지와 주변의 긴장', '작가성과 사회성의 긴장', '건축(단지)과 도시의 긴장'에서 연유한 것이다. "이 지혜의 도시에 서 있는 건축은 서로 작아야 하고 결단코 뽐내지 않아야 한다."[5] 건축 코디네이터의 당초 의도와 달리 파주출판단지에서 목격되는 것은 과도한 건축언어다.[6]

'랜드스케이프' 건축도시

2000년대 한국 도시의 발달 단계는 성장기에서 정비기로 접어들었다. 그에 따라 도시의 미시적인 개별 장소나 건축적 공간에 대한 관심이 일면서 건축적 도시담론이 도시담론의 중요한 영역으로 등장했다. 건축이나 도시설계를 전문으로 하는 학자나 논객 들이 이러한 논의를 전개하면서 언론의 주목을 받았고 도시비평의 새로운 장을 열었다. 이들의 도시에 관한 담론과 비평이 주목을 끄는 것은 논의가 구체적이고 창발적이며 또한 비전적(visionary)이란 점 때문이다. 건축 분야에서 훈련을 받은 안목 덕택에, 이들은 도시공간을 대하더라도 개별 건축과 이들이 위요된 공간의 맥락, 그 속에서 인간과 건축공간이 상호작용하는 현상을 구체적이면서 때론 형태미학적 관점으로 읽어낸다. 이를 통해 이들은 기존 도시정책과 담론을 비판하고 나아가 유토피아적인 대안을 제시함으로써 대중적 주목을 이끌어낸다.[7]

도시와 건축의 융합은 서구 학계에선 '랜드스케이프 어바니즘(landscape urbanism)'이란 것으로 이미 회자되고 시도되었던 것이다. 파주 북시티 프로젝트에도 실제 도입된 개념이기도 하다. 당시 아키토피아를 위한 개념 작업의 기초로 영국의 플로이안 베이겔 교수는 '건축적 랜드스케이프'를 제안한 바 있다.[8]

이 개념은 자연과 인공물이 대립하지 않고 서로 녹아들어 가면서 융화되게 하는 최소한의 건축디자인으로서, 그 인식의 바탕에는 자연이 갖

5   승효상, 「Communality(파주출판도시): 새로운 시대 새로운 도시」.
6   조명래, 「파주출판도시의 긴장과 딜레마」, 『문화과학』 제41호(2005).
7   조명래, 「한국의 도시현실과 도시지식」, 정인하 외, 『건축·도시·조경의 지식 지형』(나무도시, 2011).
8   조명래, 「파주출판도시의 긴장과 딜레마」.

고 있는 본질적 구조에 더 가까이 접근함으로써 좀 더 나은 인공환경을 만들어낸다는 전략이 담겨 있다. 이는 '건축들이 모여 하나의 특별한 환경을 만든다.'는 일반화된 생각에서 '환경 또는 땅의 조건들에서 건축이 도출된다.'는 사고로의 전환을 전제한다. 따라서 이 개념이 건축에 적용되면 환경 또는 땅의 조건을 건축으로 연장시키고 건축의 조건을 확장하여 도시적 조직을 생성시키는, 그래서 건축과 도시적 조직이 긴밀히 묶여진다. 건축과 도시적 조직이 서로 영향을 주고받으면서 양방향으로 소통된다. 공간의 생성 작용이 건축에서 도시적 조직으로, 또 도시적 조직에서 건축으로' 가역적으로 진행된다는 것은, 건축과 도시적 조직이 서로의 차원을 공유하고 내면화하면서 긴밀하게 밀착된다는 것을 의미한다.[9]

이 개념이 건축과 도시설계와 결합되어 구현된 사례는 '행정중심복합도시'(현 세종시)라 할 수 있다. 종전의 신도시들이 택지 개발의 연장, 즉 대규모 주거단지를 외양적으로만 도시로 확장시킨 것에 불과했다면, 행정중심복합도시는 한국에서 처음으로 도시의 계획적 조성을 위한 독자적인 법과 계획 및 설계체계를 갖춘 채 추진되었던 것이다. 국제공모를 통해 최종적으로 선정되긴 했지만, 환상형 도시구조는 단순히 형태(공간구조)의 의미만 갖는 게 아니다. 그 속에는 도시 기능과 구조물의 배치 및 연결, 각종 인프라의 설치, 건축물의 디자인 등이 땅이 갖고 있는 역사적·생태적·인문적 조건들과 치밀하게 결합시켜 전체로서 하나의 건축적 랜드스케이프를 구현하는 것으로 설계되고 건설되는 의도가 담겨 있다. 이 디자인 콘셉트는 한국의 내로라하는 건축가와 도시계획가들의 치열한 논쟁을 통해 수용되었고, 건축계와 도시계획계 전반의 참여를 통해 실제의 건축으로 구현되었다.

'건축상품'의 건축도시
랜드스케이프 건축도시를 구성하는 개별 건축물은 근대 도시 건축물들에 비해 건물의 설계와 기능에 자연의 요소를 많이 반영하고 연동시키는 것을 중요한 특징으로 한다. 이는 고

---

9   같은 글.

밀화된 대도시 삶에서 갈수록 희미해지는 고향이나 전원의 삶에 대한 기억과 향수, 그러면서 아파트와 같은 집합주택에서 잃어버린 개성적 거주에 대한 욕망(가령 집과 정원을 꾸미고 가꾸면서 거주의 자기다움을 추구하는 욕망)을 반영하는 것이다. 최근 도시 내 혹은 근교에 집단적으로 지어지는 전원주택, 타운하우스, 테라스하우스, 땅콩주택, 전통주택(한옥 등), 생태건축(물) 등이 이 같은 트렌드를 반영한 건축이라 할 수 있다.

동백, 동탄, 판교 등 2기 신도시에 조성되는 단독주택지구 혹은 전원주택단지도 기존 (신)도시의 아파트 단지가 갖는 무개성과 탈자연성의 탈피를 모티브로 하는 건축도시의 한 유형이다. 이 중 서판교 단독주택지구는 규모 면에서도 가장 크고, 단독주택 하나하나가 건축가에 의해 맞춤형으로 설계되어 강한 건축적 기호성을 띠고 있다. 이렇다 보니, 파주출판단지나 헤이리와 같으면서도 다르게 단지 전체가 고급스러운 건축 전시장과 같은 풍경으로 연출되고 있다. 특히 재벌 2, 3세들이 집을 지어 옮겨오면서, 서판교는 신개념 부촌으로 이미지화되는 것과 함께 풍수적으로 빼어난 곳이라는 장소성의 신비화마저 이루어지고 있다. 그와 함께 서판교 단독주택지구는 돈 많은 중산층이 살고 싶어 하는 '욕망의 거주지'로, 또한 능력 있는 젊은 건축가들이 디자인 실력을 뽐내는 '욕망의 건축 실험장'으로 이야기되곤 한다. 강한 기호성의 건축물들은 결국 상품으로서 건축의 기표로만 보여질 뿐, 자연, 전원, 개성, 고향(귀소)의 건축 기의는 읽히지 않는다. 건축가나 건축주가 꿈꿨을 직함 아키토피아에 대한 실험은 성공을 거두지 못하고 있다.

반성과 넘어서기:
공동체성 회복을 위한 건축도시를 위하여
최근 서울과 같은 대도시에서는 공동체적 삶을 복원하고 구축하려는 시도들이 제도권과 제도권 밖에서 다양하게 이루어지고 있다. 마을 만들기, 사회적 협동조합 만들기, 사회적 경제 육성 등이 그러하다. 더불어 살아가는 것의 소중함을 깨닫고 현실의 삶 속에서 구현하려는 이러한 시도들은 시장경제가 이끄는 작금의 글로벌 메가트랜드에 대한 의식 있는 도시주체들의 반성적 실천에 해당한다.

그동안 한국의 도시건축은 건설의 산업화 논리와 시장경제(부동산 경제 포함)의 법칙에 철저하게 순응하고 추종하는 방식으로 전개되어왔고, 전문인으로서 건축가(집단)는 이의 조력자이자 심지어 촉진자로서의 역할을 해 왔다. 그들이 꿈꾸었던 건축적 이상과 유토피아가 없었던 것은 아닐지라도, 현실에 비춰진 아키토피아는 시대와 사회의 모순에 대한 철저한 성찰과 극복과는 거리가 멀었던 것 같다. 출판도시의 경험에서 보듯, 그나마 드러낸 아키토피아조차 건축가의 개인화된 작가성만 우월하게 반영할 뿐, 의도하는 건축의 사회성에 대한 고민도, 이를 실천하려는 노력도 그렇게 치열하지 못했음을 드러내고 있다.

최근 도시지역에서 나타나고 있는 공동체를 복원한 시도는 도시의 일상시민, 즉 풀뿌리 시민들의 자의식과 자발성을 바탕으로 한다는 것이 중요한 특징이다. 이는 지난 반세기 동안의 각박했던 도회적 삶에 대한 도시주체들의 반성과 극복이란 뜻을 내포하고 있다. 농촌에서 도시로 삶터를 막 옮기던 성장 초기 시절, 모든 게 부족했지만 삶에 대한 강한 꿈과 욕망을 가졌던 시절로의 회귀라 해도 틀린 말이 아닐 터이다. 그렇다면, 지금 건축은 어떠해야 하고, 건축가는 무엇을 해야 하며, 도시의 건축은 어떻게 되어야 할까? 권력과 물질적 탐욕에 순응하는 건축의 기호들을 바꾸고, 사람다운 삶, 정의로운 삶, 자연과의 호혜로운 삶을 장소적으로 일구어내는 아키토피아를 찾아가는 건축의 축제적 혁명이 기다려지는 때다.

박길룡

한국적 유토피아, 구름 그림자

우리도 근대 시기를 거치며 수많은 이상향을 그려 왔다. 그러나 이 주제는 누가 언제 쓰느냐에 따라 내용이 판이해질 것 같다. 이 주제 자체가 절대 논리에 있지 않으며, 쓰는 자의 삶과 꿈이 작용하기 때문이다. 단적으로 한국전쟁 이후 그려지는 유토피아는 좀 칙칙하게 시작된다. 빈궁의 시대를 살던 사람은 천상을 희구하는 것보다 채워 넣을 현실에 시선이 먼저 간다.

근대 한국에서 이상향에 대한 꿈은 구름 같았고 현실은 구름이 땅에 그리는 그림자 같았다. 소박하면서 애매하고, 끊임없이 형태를 바꾸다 점차 흐릿해지는 모양이 그러하다. 그 모양이 시대의 모양과 비슷하다. 1) 꿈은 단일(mono)하고, 현실은 단색조(monochrome)이다. 세운상가까지의 이야기이다. 2) 꿈을 어떤 틀로서 규정하지 않지만 현실은 공동성을 유지하려 한다. 헤이리 아트밸리와 파주출판도시의 이야기이다. 3) 꿈은 다양해지고, 현실은 다채색이다. 판교 신도시의 양태이다.

이러한 구도에서 한국적 유토피아의 50년을 보려고 한다.

도시 주거의 유토피아
우리 근대가 그리기 시작하는 건축적 유토피아는 의외로 소박하다. 그렇게 극적이지도 않고 그렇게 장려하지도 않다. 혹독한 한국전쟁의 경험을 뒤로하고, 서울 시민이 그리는 꿈의 거주는 (고작) '아파트'였다. 1960년대 단독주택에 속상한 서민에게 아파트먼트는 이상의 거주로 보였다. 아직 서울에서도 장작이나 연탄이 채난(採暖) 수단이었으며, 변소는 일주일마다 분차(糞車)가 골목을 헤집고 다니며 퍼 내갔다. 웬만큼 사는 집이 아니면 목욕은 미루어두었다가 명절 전날 공중욕탕에서 해결해야 했다.

전후 폐허에서 유토피아의 그림은 더 긴요한데, 그것은 그렇게 멀리 있는 낙원이 아니었다. 종암아파트(서울, 1957, 중앙산업)는 전후에 건립한 최초의 단지형 아파트이다. 대지 7,260제곱미터에 3개 동이 병렬로 배치되었고 총 152세대가 입주했다. 처음 이 종암아파트는 돈이 있다고 살 수 있는 집이 아니라, 당대의 배우, 가수 등 스타들이 살 수 있는 공간으로 보였다.

동대문구 종암동은 강북(아직 강남은 존재도 없었다)에서도 동북쪽 구석에 있었다. 종암아파트는 근린시설도 없는 고립된 단지였는데도 사람들은 아파트라는 빌딩 타입에 매료되었다. 이승만 대통령이 준공식에 참석하여 문화 주거를 칭송했다. 연탄 보일러 난방과 수세식 변기는 놀라운 문화였지만 고장 나기 일쑤였다. 그래도 1993년까지 생존하다가 지금의 선경아파트로 재개발되면서 유토피아는 사라졌다.

마포아파트(서울, 1962, 주택공사)는 종암아파트보다 5년 뒤에 지어졌지만, 서울 사람들에게 여전히 선망의 삶터였다. 도시의 아파트 생활이라는 게 그동안 개인주택에서의 문제, 난방, 부엌, 변소와 욕실을 한꺼번에 해결해줄 뿐만 아니라 꽤 넉넉한 오픈 스페이스를 향유하기 때문이다.

근대에 메가 건축은 도시 문제를 해결할 양과 질의 수단으로 믿었으나 대부분 실패했다. 르 코르뷔지에의 단위 주거(Unité d'habitation, 마르세이유, 1947-1952; 낭트, 1955; 베를린, 1957; 브리, 1963; 피르미니, 1965)는 거주보다 근대의 유산으로 가치가 있다. 메타볼리즘(Metabolism)을 도시적 스케일로 확장한 단게 겐조(丹下健三)의 「도쿄 만 계획」(1960년)도 그냥 해본 소리였다. 이 계획은 당시 일본의 자본이나 기술력에 비추어볼 때 구현을 기대할 것은 아니었지만, 일본적 모더니즘을 세계에 전파하는 효과는 톡톡했다.

박정희 재건시대, 1968년 여의도 종합개발, 한국종합기술개발공사

종암아파트, 서울, 1957, 중앙산업 / 경
사지에 배치된 4-6층, 저층은 공용 서비
스로 두고 그 상층에 2베이의 거주 단위
가 쌓인다.

의 엘리트 건축가들이 이 꿈의 도시를 그렸고 예총회관에서 전시회까지 가졌다. 김수근이 그리던 여의도 개발계획은 언뜻 메타볼리즘을 닮았다. 메가 구조의 얼개에 입체도로로 얽힌 도시 시스템이 그러했다. 그러나 이 이상 도시의 구조를 덮어두고, 현실은 (다행히) 오늘과 같은 덤덤함이 되었다.

여의도아파트는 주택공사가 대학교수들의 힘을 빌려 만든 '시범'아파트이다. 그래서 컬드 삭(cul-de-sac) 교통 체계와 오픈 스페이스 구성이 교과서적이었다. 전형적인 업무도시 여의도에 지은 아파트는 직주근접(職住近接)의 구현이었지만, 그 의도가 무색하게 여의도는 '밤마다 죽는 도시'가 된다.

어디에서 살지 결정하는 일은 돈에 옥죄이고 시스템에 갇혀 있었지만, 편의가 주는 달콤함에 몸은 이미 중독되어 있었다.

세운상가아파트(서울, 1967, 김수근, 한국종합개발공사)는 '재건'이라는 국가적 명제 아래 사회적 부추김을 받아 구상되었다. 서울시장 김현옥은 개발을 위해 빈 땅이 간절했고, 마침 일제 때 만들어놓은 소개지가 눈에 들어왔다. 한국전쟁 이후 방치된 이 소개지에는 전쟁 난민들이 슬럼을 이루었고 사창가가 형성되었다. 사정이 이러하니 슬럼으로 다 망가진 이 지역을 그냥 놔둘 수 없다는 이해가 겹쳐졌다.

1966년 김현옥 시장의 돌관작업으로 8월까지 철거를 마치고, 9월에 기공식을 거행했다. 김현옥은 '세계의 기운이 이곳으로'의 뜻을 담아 '세운(世運)'상가라 했다. '크다'는 것 자체가 미학이었다. 공사는 대단한 속도로 진행되어, 1967년 7월 현대상가의 준공을 보았다. 모두 길이 1킬로미터에 점포 2,000개, 호텔 915실을 수용하는 상가 아파트이다. 서울의 상권 중심이 여기에 모일 것으로 기대되었고, 엘리베이터가 설치된 도심 아파트는 서울 시민의 선망의 대상이 되었다.

도심에서 아파트 거주는 땅에 내려오지 않아도 되는 삶을 이루어줄 것 같았다. 데크와 공중 보도는 나름 큰 의미가 있는 시도였지만, 커뮤니티 시설과 아이들 학교 문제를 간과했음을 나중에야 깨달았다. 현재 거주동 사이에 비어 있는 데크 공간은 유치원이 들어가도록 기획된 것인데, 실현해보지도 못하고 사회변동을 맞았다. 열악해진 거주 환경, 피폐해진 상업, 옆구리를 압박해오는 주변 환경이 이 거룡(巨龍)의 숨을 죄었다. 우리는 공룡이 거대한 몸집 때문에 멸종한 것으로 안다. 도시건축도 생태가 감당할 수 있는 스케일이 있는 것이다.

무릉도원은 꿈을 가진 자들만의 세계이다. 그들만의 도원이 현대에서는 자본으로 대체된다. 돈이 도원의 입장권을 만들고 자본이 단지를 경영한다. 자연히 배타적인 거주 공간이 형성되며 프라이버시에 민감해진다. 자본은 수익만 난다면 극한까지 갈 수 있고, [수익(B) / 비용(C) ≧ 1]이 목적이다. 그러니까 현대의 아키토피아는 부동산이다. 부티크 모나코(서울, 조민석, 2004-2008)는 적절한 수준의 부가 커뮤니티를 이룬다. 서울의 아파트 이름이 왜 '모나코'인지는 모르지만, 남프랑스의 이 작은 나라가 차이의 알레고리가 된다. 그런데 사실 모나코는 도박 산업을 제외하고는 문화랄 것이 없는 그저 그런 소비 도시이다. 1개 동 27개 층에 사는 172세대는 스스로를 '로열 커뮤니티(Royal Community)'라고 칭한다. 부티크 모나코는 아이러니하게도 강남의 번잡함 속에 자신을 다 드러내는 동시에 고립하듯 높이 떠 있다. 그러니까 이 공중(空中)의 삶, 즉 고립은 '다름'을 보장한다.

현대 건축가들이 건축 군락을 만들어 문화 동네를 만든다는 생각은 20세기에도 여러 번 있었다.

클로드 니콜라 르두(Claude Nicolas Ledoux, 1736-1806)는 말년에 공포정치 시대에 휩쓸려 감옥에 갇힌다. 이 시간에 저술 『건축의 예술과 법제의 관계(L'architecture Considérée sous le rapport de l'art des mœurs et de la législation)』(1804)와 이상도시(Ville de Chaux, 1804) 프로젝트를 완성하는데, 감옥에서 그려지는 유토피아라는 점이 아이러니하다. 이상도시는 도시에서 먼 위치에 자연과 농지를 주변에 둔 성채 도시이다. 공간은 완벽한 대칭이며, 점을 중심으로 한 방사형 구조이다. 르두는 이상적 형태가 완벽한 기하학적 도형 속에 있다고 믿었다.

세운상가아파트, 서울, 1966-
1967, 김수근, 한국종합개발공사.
상가는 인근 수공업 지역의 알력을
해소하지 못한 채 오늘에 이른다.

부티크 모나코, 서울, 조민석, 2004
-2008. 적층(積層)의 유토피아, 로
얄 커뮤니티.

독일 다름슈타트 예술인 마을(Le Pavilion Exposion, 1899-1908)은 에른스트 루드비히(Ernst Ludwig)가 이룬 산간 마을이다. 요셉 마리아 올브리히(Joseph Maria Olbrich)가 주도하는 마을과 건축 디자인은 근대주의의 실험장이었다.

독일 바이젠호프 주거단지(Weißenhofsiedlung, 1927)는 1927년 독일 공작연맹(Deutscher Werkbund)을 위해 건축된 마을인데, 21개 건물에 60세대가 거주할 수 있는 프로그램이다. 총괄 건축가 루트비히 미스 반데어로에(Ludwig Mies van der Rohe)를 비롯하여, 르 코르뷔지에, 브르노 타우트(Bruno Taut), 야코뷔스 오우드(Jacobus Oud), 발터 그로피우스(Walter Gropius), 한스 펠지히(Hans Poelzig) 등 당시 17인의 청년들이 의기투합하였다. 21개 건물은 테라스 주택, 연립주택, 아파트먼트 형식인데, 전체적으로 단순한 형태에 평지붕과 테라스, 수평적 창, 오픈 플랜의 실내를 갖는다. 프리패브 공법을 널리 적용하여 단 5개월 만에 건설했다. 이 성과들은 국제양식으로 발돋움하여 대장정에 들어간다.

예술과 사는 마을

헤이리는, 이미 1세기 전의 사실이지만, 다름슈타트 예술인 마을과 바이젠호프 단지를 합쳐 규모를 튀긴 것 같다.

헤이리는 유토피아를 그린다고 표방하지는 않았지만, 세속을 피하고 건축의 통념을 집단적으로 벗어나려는 뜻은 분명하다. '예술인들이 꿈꾸는 지상에서 가장 아름다운 마을' 15만 평. 1998년 창립총회를 열고, 예술인 마을의 기획이 시작된다. 헤이리는 입주자와 건축가들 사이의 그야말로 '맘대로 해주세요.' 하는 '위대한 계약'으로 시작되었다. 여기에 한국 청장년 세대의 건축가들이 모였다.

2001년 김준성, 김종규 등에 의해 만들어진 마을 기획은 1) 패치(Parch)와 선형 2) 플레이트(Plate)와 오브제(Object) 3) 포디움(Podium) 유형 4) 게이트 하우스(Gate House) 등을 최소한의 매뉴얼로 내놓지만, 그것도 아주 느슨하여 작동하는 둥 마는 둥 했다. 건축주들은 이 한국의 청년 건축가들이 이상향을 대신 그려 주리라고 믿었다.

어떻게 보면 헤이리에서는 사는 사람과 짓는 사람이 같다. 주민들은 방송인, 미술가, 문예 작가, 건축가, 출판인, 영화인, 디자이너 등이다. 회원제로 운영되는 주민 구조는 한국 최고의 문화 집단 또는 지식인 집단이다. 그러면서 마을에는 중심을 만들지 않으며, 문화를 공동 생산한다고 보았다. 이로써 지적-문화적 차원의 거주 프리미엄은 상승할 것이다. 거기에는 오염된 문화의 악취도 없고 한심한 저질도 없었다. 대신 마을이 이 정화성을 유지하려면 계속 긴장하여야 할 것이다. 가끔 지적 허영이라는 핀잔도 듣겠지만, 헤이리에 산다는 프라이드는 유지될 것이다.

출판인 김언호(한길사), 건축가 우경국(예공건축)이 정성으로 마을을 만들어갔다. 거주자이기도 한 건축가 박돈서는 '건축 박물관 같아요.'라며 감회를 밝혔다. 이는 마을의 건축이 모두 예술적이라는 뜻이겠고 근대 이후 처음 가져보는 집단의 유토피아라는 뜻일 게다. 그렇게 헤이리는 새로운 개척지에 모인 지적 신앙촌 같은 의기로 가득했다.

한동안 분양과 입주 속도가 느려져 파주시가 염려하던 때도 있었지만, 언제부터인가 오히려 지나친 밀도가 걱정되기 시작했다. 상업성은 '예술적 의지'를 밟고 마을을 헤집고 다니고, '박물관'은 관광지가 되며, 헤이리는 로버트 벤투리(Robert Venturi)의 '오리'처럼 되어간다.

책의 파라다이스

파주출판도시는 1987년 이기웅(열화당)이 처음 구상하고 출판인들의 집념으로 파주시를 설득하여 이룬 전문도시이다. 건축 코디네이터로 승효상, 민현식이 기본지침을 작성하고 플로리안 베이겔, 김종규, 김영준 등이 도시설계를 만들었다. '공동성의 정신'은 2001년 주춧돌을 놓았다.

출판이라는 특화된 목적에 맞춰 만들어진 이 특목도(特目都)는, 바로 그 때문에 성장에 대한 잠재력과 한계를 함께 갖는다. 책이 사는 도시이기에 인구로 보면 한가하다. 도시에서 과밀도는 공포의 지수(指數)이

한국적 유토피아, 구름 그림자

박길룡

다름슈타트 예술인 마을, 마틸덴회헤 다
름슈타트, 1905-1908, 요셉 마리아 올
브리히. 에른스트 루드비히의 결혼기념
관이 중심 건물이며 그 주위에 예술인의
거주 및 작업실들이 마을을 이룬다.

바이젠호프 주거단지, 슈투트가르트, 루
드비히 미스 반데어로에 외, 1927. 르 코
르뷔지에의 작업이 중심적 풍경을 이루는
데, 전체적으로 모더니즘의 언어를 공유
하고 있다.

54

지만, 너무 여린 밀도는 다른 문제를 만든다. 밀도는 물상만이 아니라 사람과 행위의 정도인데, 출판도시에서는 움직임이 별로 없는데다 밤에는 모두 불을 끄고 간다. 그러지 않아도 이 도시를 디자인한 40대 건축가들은 대체로 창백하다.

쇼핑센터 '이채'가 있으나 구매 유인이 약하니 도시에 활기를 불어 넣지 못한다. 주거지역인 헤르만하우스(2002, 민성진)가 도시와 전원 주거의 매력을 겸비할 것으로 기대되었다. 2개 단지 14개 동(137세대)를 만들었는데 성공한 부동산 비즈니스는 아닌 것 같다. 규모의 힘이 달리는 것이다. 미메시스 미술관(2005-2009, 알바로 시자, 카를로스 카탄헤이아, 김준성)의 존재가 이 차가운 도시건축들 사이에서 고맙다. 아무래도 출판도시의 중심은 아시아출판정보센터(2004, 김병윤)인데, 정보 관리, 업무, 숙박 기능이 혼재되어 있다. 건축주 '공동성'도 이 도시의 문화 출력이 긴요함을 알기에, 책과 관련된 대중적 이벤트, 학술 행사를 늘려가고 있다. 2014년에는 365일 하루 24시간 무료로 개방되는 도서실 '지혜의 숲'을 만들어 출판도시의 지역적 성능을 도모하기 시작했다. 파주출판도시는 2008년 베니스비엔날레 건축전 한국관(커미셔너 승효상)에 출품되었다.

문제는 여전히 시간이다. 책이 사람과 문화를 엮고 이 둘을 섞는 효소로 작용하기 위한 시간과 프로그램이다. 그러기 전까지는 그냥 산업단지일 뿐이다.

자연과 자본의 두물머리

신화, 종교, 미술에 이어 모더니즘이 그리던 유토피아는 이제 자본의 문제로 돌아온다. 산업화 이후 잉여자본만 있다면 자연향(自然鄕)도 구입할 수 있다고 믿는다. 처녀의 땅이 현대 유토피아에서도 여전히 중요한 것은 일상을 지울 지우개가 필요하기 때문이다. 유토피아는 건축을 자연과 그 뒤에 있는 힘에 열어두는 일이며, 그래서 삶의 새로운 아름다움을 그리는 영성일 게다.

헤이리 중심 늪, 2004. 4. 이때만 해도 빈
중심의 모습을 보인다.

헤이리 중심, 2004. 위치상 중심이지만
구조적인 중심성은 배제된다. 사진의 가
운데 부분이 헤이리 마을의 중심이다.

헤이리 중심, 2015. 수목도 성장했고, 빈
중심의 개념은 밀도로 잠식되었다.

바다 건너(濟) 섬(州), 한국 사람들에게 제주도가 특별한 것은 아열대의 부드러운 기후와 풍광 때문인데, 한때 가장 혹독한 유배지였던 기억은 잊은 지 오래이다. 핀크스(Pinx) 위락단지가 호텔, 골프장과 함께 경영하는 핀크스 비오토피아 타운하우스(2002-2006)는 이타미준(伊丹潤)의 자연 사랑이 녹아 있어 아름답다. 커뮤니티 시설에 4개의 작은 미술관 돌, 물, 바람, 두손을 넣은 기획은 더 아름답다. 비오토피아는 비오토프(biotope)와 유토피아의 합성 조어로, 인공환경 건축이 파괴할 자연에 정죄(淨罪)하는 태도를 보여준다. 이것이 유토피아라는 점을 이유로 자연을 소유하려는 일반적인 별장 단지와 구분되는 것이다.

제주도 섭지코지의 휘닉스아일랜드는 위락과 거주시설이 결합된 프로그램인데, 해변으로 배수진을 친 전체 영역은 울타리와 유료 출입구로 방어된다. 힐리우스는 섭지코지 해안가에 자리하는 2층 타운하우스이다. 남제주의 풍광 속에 여유로운 거주 공간뿐 아니라, 마리오 보타(Mario Botta)가 설계한 회원 전용 라운지 '아고라'[1]가 있다. 넉넉한 자연 풍광 속에 있으면서도 피트니스 시설이 필요한 것은 도시 생활의 관성일 것이다.

제주의 롯데 아트빌라스(2008-2013)는 공동 별장 단지로서 담장과 입구 통제와 감시 체제 안에 스스로 들어가 산다. 그 안에 있는 햇빛과 바람과 하늘은 밖의 것과 다르지 않지만, 그 안에 산다는 '구별'의 행복을 경계 시스템이 보장한다. 자연으로의 귀거래(歸去來)가 겸손이 아니라 또 다른 욕망이 된다.

> 상위 1%가 누릴 수 있는 완벽한 일탈과 휴식을 제공하게 될 새로운 스타일의 명품 리조트의 등장에 업계의 관심이 뜨겁다… 이름 그대로 '빌라(Villa)'가 온전한 하나의 '예술(Art)'이 되는 곳입니다.'[2]

그러나 더 중요한 것은 롯데 아트빌라스가 건축가의 브랜드 가치를 담고 있다는 점이다. 2층 규모에 73가구가 다섯 구역으로 구분되는데, 승효상(이로재), 이종호(메타건축), 구마 겐코(隈研吾), 도미니크 페로(Domi-

1   지상에 돌출된 유리 구조물로 그 지하에 회원들의 클럽 라운지와 피트니스 센터, 옥외 수영장, 스크린골프장이 있다.
2   "VVIP 명품 리포트 제주 '아트빌라스' 탐나는도다", 『이코노믹리뷰』(2012년 4월 3일 자).

nique Perrault) 그리고 DA Group이 한 구역씩 맡아 설계함으로써 브랜드 주거를 가능하게 했다. 그래서 예술적 삶인 것이다. 롯데 회장도 이 빌라의 가장 깊숙한 곳에 자리 잡았다.

전원생활이라 하더라도 완전한 별리가 두려운 도시민은 자연과 도시의 경계쯤에 있는 집단적 별장을 선호한다.

경기도 서판교 단독주택 단지는 어떤 지배적인 개발 주체가 아니라여러 종의 계층이 혼합된 양상이다. 워낙 개발 규모가 크기도 하지만, 어떤 통일된 감각도 없고 건축가의 의지에 얽매인 전체성도 보이지 않는다. 시간이 흐르면 오히려 그 섞임이 자연스러워질지도 모르겠지만 아직 일시에 건축된 생경함은 어쩌지 못한다. 전형적인 한국의 아파트 문화처럼개념이 없거나, 고급 브랜드를 표방하는 단지도 있고, 테라스하우스 같은주거 유형의 시도가 있는가 하면, 단독주택 지역이 거주의 개별성을 도모한다. 그런데 정작 대중의 시선은 이렇다.

'서판교는 1-2년 전부터 재벌과 대기업 임원, 연예인들이 개별단독주택을 건축해 둥지를 틀면서 '재벌촌'이라는 별명을 얻게돼...'[3]

'신흥부촌 서판교 가보니… 영화 같은 전원주택생활'[4]

나는 이 글의 처음에서 종암아파트의 부가가치를 연예인 거주로 특화했는데, 21세기에도 역시 마찬가지이다. 그러니까 한국 사회의 계층성은 유명 연예인과 자본이 정한다.

서판교 끝에 있는 르 시트 빌모트(Le Site Wilmotte, 2002-2005, 경기도 성남, 장 미셸 빌모트, 임상관)은 36가구로 이뤄진 집합주택이다. 건축가의 브랜드 가치를 전면에 걸기 위해 단지 이름도 프랑스어이다. 빌모트 특유의 합리성과 서정성이 돋보이고, 배치의 질서가 엄정하며 단정한건축은 조경과 교차하며 조화를 이룬다.

서판교 단독주택 지역 전원주택 거주자의 연령대가 점점 낮아지는데, 그만큼 중산층의 연령이 하향되는 것 같다. 보통 청장년층이 주택을

3 "서판교, 죽전 단독주택촌, 제2의 성북동 자리 놓고 경쟁", 『매일경제』(2014년 8월 27일 자).
4 "신흥부촌 서판교 가보니… 영화 같은 전원주택생활", 『조선비즈』(2014년 7월 30일 자).

소유할 꿈을 '구름 빵'이라고 하지만, 서판교에서는 좀 다르다. 아파트의 먼지 낀 삶을 알기에 자신의 집에 대한 욕망을 가질 만큼 자기 창발적이다. 다만 아직 한국의 아키토피아에서 내용(空)이 겉모양(色)에 미치지 못한다.

> 우리는 현재의 '여기'보다
> '저기'가 좋고 '거기'에 살면 더 좋겠다

아주 오래전부터 신선들이 그랬듯이 자연을 끼고 사는 멋은 아키토피아의 필요충분조건이지만, 별장단지(團地)처럼 구분의 경계를 의식하며 살아야 한다. 단지의 단(團)이라는 게 '테두리(口)에 섞이지 않고(專)' 가둔다는 것이다. '저기'에는 문화까지 갖춰져 있지만, 헤이리에서 경험했듯 결국 문화는 자본을 이기지 못한다. 커뮤니티 의식을 강조하는 건축가가 있는데, 평창동 오보에 힐스(이타미준, 2010)가 보여주듯, 그것이 현실에서 필요조건은 아니다. 오히려 간섭보다는 고립도 괜찮다.

조금 특별한 건축가가 만든 '거기'라면 더 좋겠다. 이제 개발주도 건축가의 브랜드 가치를 안다. 외국 건축가라면 좀 더 부가가치가 생기는데, 다만 그들이 한국의 정주성을 보장할지는 모르니 잘 살필 일이다.

노블랜드, 휴먼시아, 아트빌라스, 힐리우스 등 유로파의 이름이 그렇듯이 물건의 포장은 이름 짓기인데, 진정 '노블'한지 인본주의적인지 예술적인지는 보장 못 한다. 무엇보다 한국의 아키토피아는 자연을 탐닉하니, 건축가는 이를 연옥(煉獄)으로 알 일이다.

유토피안

아키토피아의 실험

의 꿈

Experiment of Architopia

(왼쪽) 세운상가 상량식, 1967. 7. 31. 서울역사박물관 제공.
(오른쪽) 건설 중인 세운상가, 1967. 11. 14. 서울역사박물관 제공.

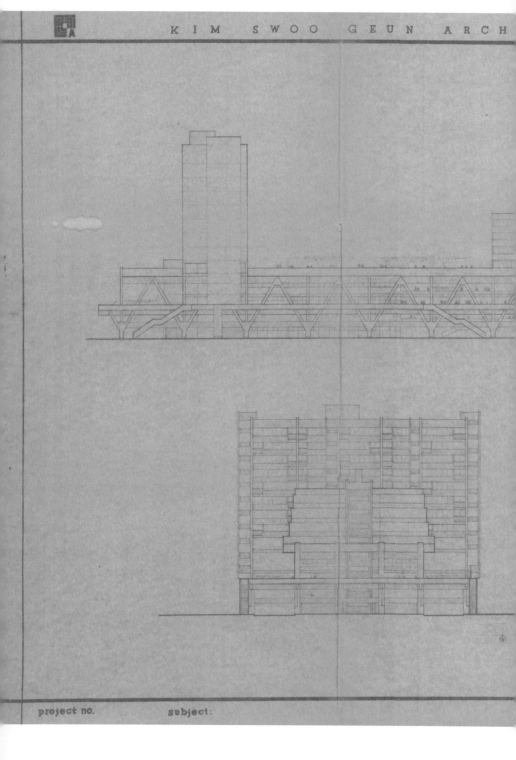

세운상가 초기 계획안: 서측, 남측 입면도, 서울시 제공(역사도심재생과·협조).   64

T & ENGINEERS ASSOCIATES
西側立面図
SCALE=1/500
立面図
SCALE=1/500
date:
drawn
approved
Sheet no. 0014
022

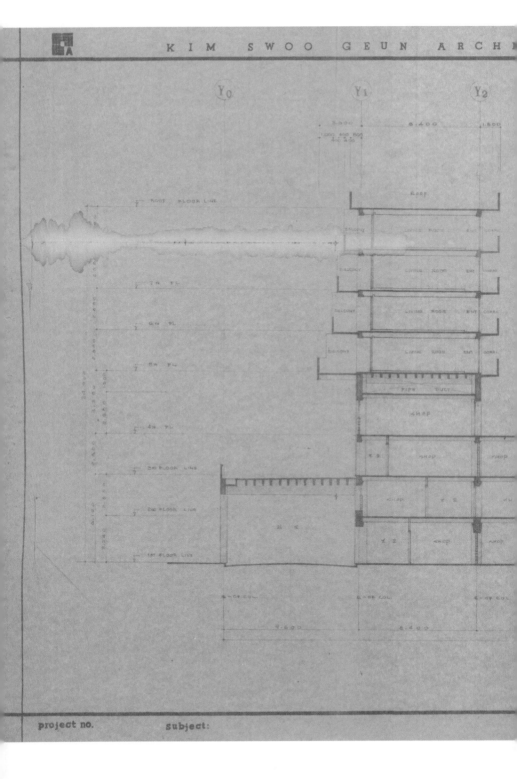

세운상가 초기 계획안: 단면도, 서울시 제공(역사도심재생과 협조).   66

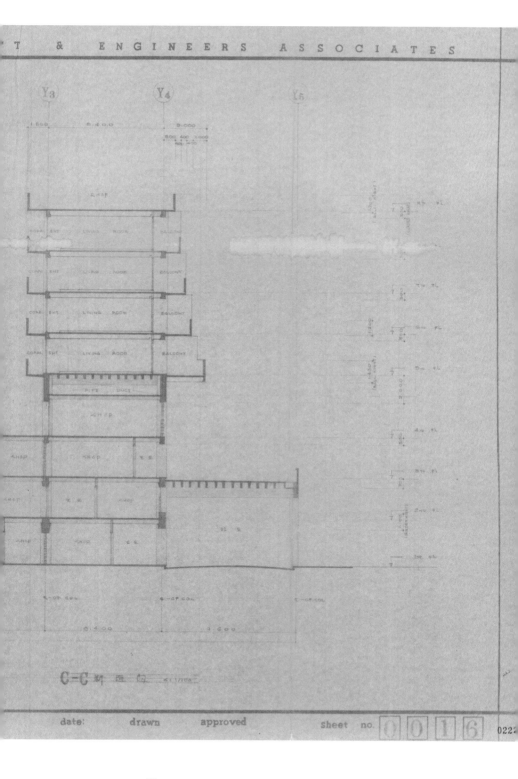

C=C 剖 面 圖 <(1/100)

세운상가의 2층 보행 데크. 국가기록원 제공.

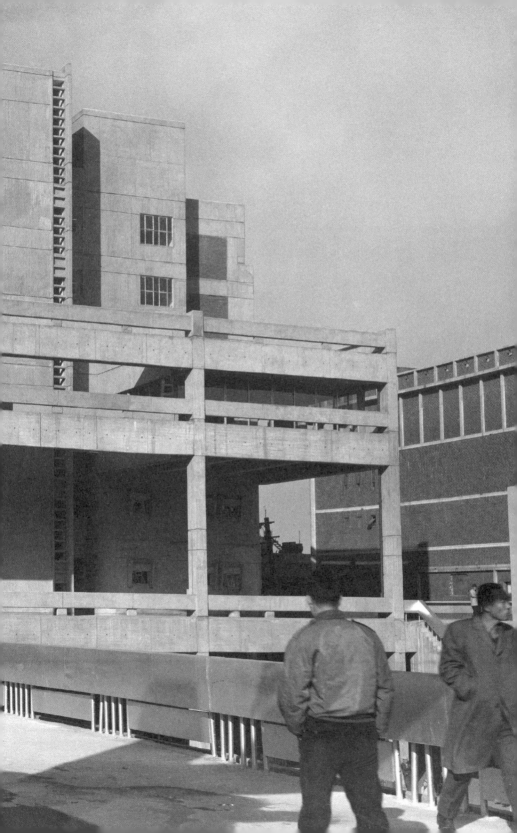

세운상가 준공. 1967. 11. 17. 서울역사박물관 제공.

안세권, 「세운상가가 보이는 서울 파노라마」, 2015.

세운상가 일대, 2015, 노경 사진.

세운상가 일대, 2015. 노경 사진.

세운상가 일대. 2013. 노경 사진.

노경, 「레코드 시리즈」, 세운상가, 2015.

노경, 「레코드 시리즈」, 세운상가, 2015.

노경, 「레코드 시리즈」, 세운상가, 2015.

세운상가의 탄생과 몰락 그리고 부활의 서사

우리의 근현대사가 극적으로 펼쳐진 곳

세운상가로 대표되는 '세운상가-청계+대림상가-삼풍+풍전호텔-신성+진양상가' 건물군은 도시개발 사업에 민간자본을 끌어들인 최초의 대규모 프로젝트였다. 한때 이곳이 서울 최고의 현대적 주거공간이자 쇼핑센터였다는 사실을 기억하는 사람을 찾기란 그리 쉽지 않다.

세운상가에는 얼마나 많은 이야기가 담겨 있을까? 세운상가의 실체를 제대로 아는 것은 가능할까? 세운상가를 통해 얼마나 더 많은 이야기를 만들어낼 수 있을까?

세운상가가 위치한 종묘 앞은 조선 왕조의 왕과 왕후를 모시는 사당에 면한 까닭에 비교적 조용히 지내오던 곳이었다. 해방 직전 태평양전쟁의 급박함이 극명하게 투영되었던 이곳은 해방 후 고국으로 돌아왔지만 갈 곳 없었던 동포의 보금자리가 되었다. 한국전쟁 후에는 월남민과 호구지책을 마련하기 위해 서울로 몰려든 이들이 어깨를 부딪치며 고달픈 삶을 영위했던 곳이었다. 이제부터 세운상가가 탄생하게 된 배경을 살펴보자.

전략병기 비행기의 등장과 소개도로

세운상가 건물군의 역사는 50년이 채 되지 않지만, 이곳이 건축될 수 있었던 기반은 해방 직전까지 거슬러 올라간다. 세

1930년대 서울.

운상가가 세워진 소개공지대가 일본이 미국의 진주만을 습격하면서 일으킨 태평양전쟁으로 생겨났기 때문이다. 그렇게 태어난 소개도로에 해방과 한국전쟁을 거치면서 형성된 거대한 슬럼은 도심의 암적 존재가 되었다. 이 소개도로를 모태로 세운상가가 태어났고, 세운상가로 인해 역사도시 서울이 큰 홍역을 겪게 된다. 소개공지대는 도시를 보호한다는 목적으로 만들어졌지만, 오히려 역사도시를 빠르게 파괴시켰다는 것은 역사의 아이러니다.

2차 세계대전이 발발하기 전 일본은 1931년 만주사변을 일으켜 만주에 괴뢰정부인 만주국을 세운다. 그리고 1937년 중국 침략을 본격화했다. 아시아에 한정되었던 일본의 전쟁 무대는 인도차이나 침략에 이어 1941년 미국의 진주만 습격을 계기로 2차 세계대전과 만나 태평양으로 확대된다. 그러나 미국을 상대로 전쟁을 확대한 일본은 빠르게 몰락해갔다. 미국의 고고도 폭격기 B29의 폭격이 일본의 주요 도시를 초토화시켰고, 이를 목격한 조선총독부는 소개도로망계획을 발표했다.

사실 한반도는 전장이 아니었기 때문에 직접적인 피해를 입지는 않았다. 그럼에도 불구하고 세운상가를 아시아·태평양전쟁과 한국전쟁의 사생아라고 말하는 이유가 무엇일까? 그것은 무기 개발과 이에 따른 전쟁 방식의 변화 때문이다. 구체적으로는 2차 세계대전에서 비행기가 전쟁의 주요한 전략병기로 등장했기 때문이다.

일본은 중국을 침략하기 전에 전략병기의 진화에 따른 전쟁 방식의 변화가 도시에 어떤 영향을 미칠 것인가에 대해 충분히 인지하고 있었다. 전폭기의 등장으로 전선이 형성되지 않는 후방 도시를 무력화하는 것이 승리의 중요한 요건이 되었다. 일본은 전쟁을 도발하기 전 폭격으로부터 도시를 보호하기 위한 예비조치를 취했다. 중일전쟁 직전인 1937년 4월, 이른바 '방공법'을 제정했다.

전쟁 초기에 일본은 중국 대륙과 동남아시아 각처에서 승승장구했기 때문에 일본 본토는 물론이고 식민지 조선이 전쟁터가 될 가능성은 크지 않았다. 따라서 전쟁 전 예방 조치로 제정된 '방공법'이 작동할 여지는 없

『도시와 건축』창간호, 1940.

었다. 오히려 한반도에서는 전쟁 지원을 위한 병참기지화가 빠르게 진행되었다. 그러나 진주만 습격 이후 미국의 반격이 본격화되면서 전세가 역전되어 일본의 주요 도시가 폭격받기 시작했다. 1944년에는 제주도와 부산 근처에서 미군기가 출현했다. 다급해진 조선총독부는 1945년 3월 '한반도 내의 도시소개대망'을 발표하고, 이어서 경성 내에 5개 소개 대상지를 고시하는 등 바쁘게 움직이기 시작했다. 소개대망의 핵심은 동서로 발달되어 있는 주요 간선도로를 일정한 간격으로 남북으로 갈라놓는 것이었다. 서울의 지형구조 특성상 동서로 발달한 도로망이 폭격으로 인한 화재에 매우 취약했기 때문이다.

일반에는 잘 알려지지 않은 일제강점기 잡지 『도시와 건축(都市と建築)』이 1940년 창간되었다. 전폭기를 내세운 창간호 표지가 잡지의 성격을 잘 보여준다. 그러나 이 잡지는 표지뿐 아니라 1922년에 창간된 조선건축회의 기관지 『조선과 건축(朝鮮と建築)』이 신축 건물을 소개하고 건축계의 이슈를 다루는 것과 내용은 물론 발행처도 달랐다. 『도시와 건축』은 경찰 업무를 맡은 경무국에서 발행되었고, 내용은 폭격으로부터 살아남기 위한 방공호 건설 방식, 폭격으로 화재가 났을 때 도시의 피해를 최소화하는 건축재료 광고(불연재, 불연페인트 등) 등이 잡지의 대부분을 차지했다.

오른쪽 페이지의 1912년 서울 지적지도에서와 같이 동서로 발달한 도로망은 도성 안 어느 한쪽에서 화재가 시작될 경우 거침없이 도성의 반대편까지 번지기 쉬운 구조였다. 따라서 화재의 확산을 막기 위해서는 오른쪽 페이지 하단의 남북 방향의 소개도로(소개공지대와 소개소공지대)를 일정한 간격으로 개설할 필요가 있었다. 이와 같은 소개도로의 개설로 인해 동서 방향으로 발달했던 도로망은 격자형 도로체계로 바뀌게 되었다.

소개도로, 도시의 보호자에서 파괴자로

소개도로 확보와 함께 서울시민들도 본격적으로 도시 밖으로 소개되었다. 동시에 폭 50미터, 길이 1,000미터에 이르는

1912년 서울의 지적지도. (출처: 서울시립대 도시공학과 김기호 교수 도시설계역사연구실)

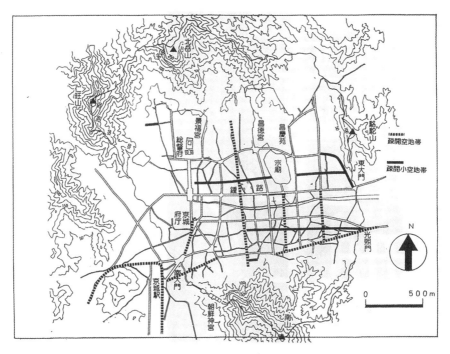

소개도로와 소개공지대, 소개소공지대.

지역에 걸쳐 거주자에 대한 강제 퇴거가 이루어졌다. 5월 11일 시작된 1차 소개 작업은 '싸우는 도시, 완성의 진군보'라는 구호 아래 6월 말 완공되었고, 8월 중에 2차 건물 소개 작업이 계획되어 있었다.

그러나 미국이 히로시마와 나가사키에 원자폭탄을 투하하면서, 일본의 예상보다 아시아·태평양전쟁이 빨리 종결되었고, 서울 시내에 개설된 소개도로들은 미처 정비되지 못한 채 해방을 맞이하게 되었다. 파고다 공원 북측과 종묘 앞 소개도로는 슬럼의 최적지가 되었다. 특히 종묘 앞 소개도로의 슬럼화는 한국전쟁 이후에 극심해졌는데, 그 결과는 종묘 앞을 '종삼'이라는 사창가로 만들어 버렸다. 일본이 도발한 아시아·태평양전쟁은 국가신전 종묘 앞의 역사도시 조직을 쪼개놓았고 결과적으로 성과 속을 여과없이 맞닥뜨리게 함과 동시에 도심 한가운데를 슬럼으로 만들어 버렸다.

소개공지대가 급하게 마련된 이유는 공습 때 폭격 그 자체보다 더욱 심각한 피해를 야기하는 화재 등에 의한 2차 피해를 막을 수 있는 공지를 확보하는 것이었다. 그런데 이로 인해 강제병합과 이후 식민지 근대도시로의 전이 과정에서도 버텨왔던 600년의 도시조직이 조각나기 시작했다. 공교롭게도 전쟁으로부터 도시를 보존하기 위해 마련한 소개공지대가 직접적으로는 역사도시의 조직을 파괴하고 도시구조를 재편시키는 시작점이 된 것이다.

600여 년 전에 만들어진 계획도시 서울은 일제강점기 당시 조선총독부의 시구개정사업과 도시화로 인해 물리적으로 확대되고 도시구조에 부분적인 변화가 있었지만, 이러한 변화는 식민지 지배체제 구축 과정에서 점진적으로 이루어진 것들이었다. 그러나 전쟁은 도시구조에 급속한 변화를 강요했다. 물론 전쟁 성격에 따라 전쟁으로 인한 도시구조의 변화도 다른 모습을 갖는다. 세운상가가 위치한 소개공지대의 경우 충분히 예상 가능한 전쟁 상황에서 준비됨에 따라 변화 전·후의 조직이 반듯하게 만나지만, 한국전쟁처럼 예측이 불가능한 상태에서 발발한 전쟁의 경우 도시구조는 전후복구 과정에서 변화하며, 전후복구 지역과 역사도시조

종묘 앞 철거 전.

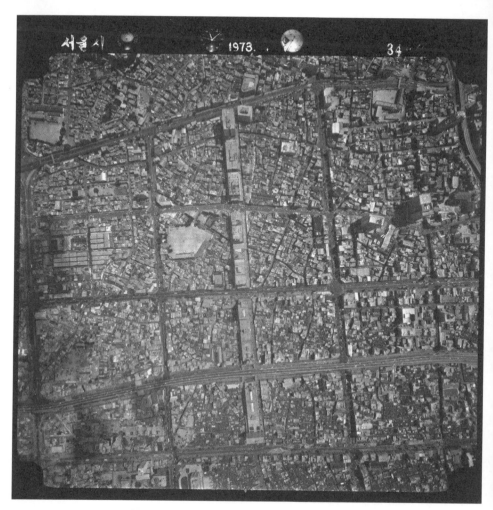

서울시　　　　　　1973.　　　　　3 4

1973년 세운상가 항공사진.

직의 경계가 불규칙적으로 만난다.

　종로2가 관철동과 을지로3가 가로변의 전후 복구 과정 및 모습이 세운상가가 건설된 소개도로 정비 과정과 다른 모습을 보인 이유이기도 하다. 세운상가 지역의 소개공지대가 예비적 조치였음에도 서울에 남긴 상처가 유난히 큰 것은 철거지역이 채 정비되기 전에 전쟁이 종료되고, 미군정기와 한국전쟁을 거치면서 행정 공백기에 무허가 판자촌이 빠르게 형성되었기 때문이다.

두 모더니스트, 박정희에게 주어진 숙제와 김수근의 꿈

　1960년대까지 이곳은 청계천변에서도 가장 어두운 곳 중 하나였다. 종삼과 연결된 도심 슬럼은 쿠데타로 집권한 박정희 대통령 입장에서는 풀어야 할 숙제였고, 이 숙제에 대한 해법을 제시한 사람이 건축가 김수근이었다.

　부산에서 토지구획정리사업으로 항만을 정비하여 박정희에 눈에 들어 1966년 3월 31일 윤치영에 이어 서울시장에 임명된 김현옥 시장은 대통령의 기대에 부응했다. 김현옥 시장은 세종대로 네거리의 지하도 건설을 시작으로 고가도로 건설 등 도시공간의 입체적 활용이 돋보이는 많은 건설 프로젝트를 시행하였는데, 그중 압권은 세운상가 건설이었다. 당시 김현옥 시장에게 슬럼화된 종묘 앞 소개공지대를 어떻게 정비할지에 대한 아이디어를 제공한 사람이 김수근이었다. 김수근은 패전한 일본이 전후복구 과정에서 급속한 경제성장을 이루면서 당면한 도시문제를 해결하고, 1964년 도쿄올림픽 개최를 앞두고 도쿄를 정비하던 일본의 도시개발 상황을 인지하고 있었다. 동서로 발달된 서울 도시구조의 한계를 극복하고자 남북 방향의 도시축을 제안했다. 사업 담당자였던 김현옥 시장과 도시 정비를 위한 재원이 없던 정부 입장에서는 건설사가 상가와 아파트 분양을 통해 사업을 진행하는 개발 방식에 더 관심이 있었던 것 같다. 이로 인해 세운상가는 최초의 대규모 민자유치사업이 되었고, 바로 이 점이 세운상가 몰락의 단초를 제공했다.

    김수근 팀에서 세운상가 프로젝트를 주도했던 윤승중에 따르면, 지
상은 자동차만을 위한 공간으로 계획되었지만, 수익을 올리는 것이 지상
목표인 민간 사업자는 높은 임대료와 분양 수입을 챙길 수 있는 1층을 자
동차만의 공간으로 만드는 것을 두고볼 수 없었다. 김수근 팀의 제안을 전
면 거부하지는 않았지만, 최소한의 도로만 둔 채 소개도로 중앙에 상가가
배치되었다. 김수근 팀의 콘셉트가 깨지는 순간이었다. 1층에 상업공간을
조성하면서 3층 인공데크 위에 조성하고자 했던 무장애쇼핑몰 계획에도
차질이 빚어졌다. 자동차의 방해를 받지 않는 안전하고 쾌적한 쇼핑몰을
남북으로 연결해 짓기로 한 첫 구상이 무너지고, 접근성이 좋은 1층에 대
규모 상업시설이 마련되면서, 3층 인공데크 위에 조성된 상업가 활성화
가 영향을 받을 수밖에 없었기 때문이다.

    김수근 팀의 계획은 세운상가의 구조 시스템 타원에서도 차질을 빚
었다. 1966년 첫선을 보인 세운상가 계획안에서 보였던 3층 인공지반 데
크와 5층 아파트 마당의 구조는 지금의 모습과는 많이 달랐다. V자형 목
조 구조체가 3층과 5층의 데크를 떠받는 시스템은 마치 요나 프리드만
(Yona Friedman)의 인공지반 위 배리어프리(Barrier Free) 쇼핑몰과 주
거지를 재현한 듯 하다.

    그러나 초기 계획안은 시공 단계에서 현장 여건에 따라 다르게 진행
되었다. 층별 용도가 바뀌었음은 물론 구조시스템도 평이한 수직기둥과
수평보 구성으로 변경되었으며, 건설사의 관심에 따라 부분적으로 프리
스트레스트빔(대림상가)이라는 새로운 구법이 시도되기도 했다.

    당시 5·16세력의 전폭적인 지원을 받고 있던 김수근 팀은 세운상가
프로젝트를 통해 동서로 발달한 서울의 도로체계에 남북축을 추가하여
균형 잡힌 도로망과 교통체계를 구축하고자 했고, 동시에 종묘에서 남산
에 이르는 녹지축을 만들고자했다.

    세운상가 프로젝트는 서울을 현대도시로 승격시키고자 했던 박정희
의 정치적 모더니즘과, 모더니즘 건축의 이상을 구현하고자 했던 건축가
김수근의 합작이었다. 도로 위에 필로티를 세워 인공대지를 만들고 그 위

세운상가 준공식(1967)에 참석한 박정희 전 대통령과 김현옥 서울시장, 국가기록원 제공.

에 쇼핑몰과 아파트먼트를 세워서 자족적 커뮤니티를 만들고 종묘에서 남산을 연결하는 산책로를 조성한 것은 두 모더니즘의 상징적 결과물이 었다.

1·21사태, 냉전체제가 바꾼 세운상가의 운명

1966년 11월 15일에 착공된 세운상가는 1967년 7월 10일 '가'동 상가점포를 시작으로 순차적으로 완공되었다. 그러나 세운상가 '가'동이 완공된 직후인 1968년 1월 21일에 발생한 김신조 일당의 청와대 습격사건은 세운상가의 운명을 바꿨다.

휴전된 지 불과 15년밖에 안 된 시점에서 발생한 이 사건은 위정자는 물론 서울시민들에게 전쟁의 공포를 떠올리게 하기 충분했다. 전쟁 직전 170만 명이던 서울인구가 1·21사태가 일어난 1968년에는 이미 400만을 돌파하고 있었다. 서울인구 170만 명 시절에도 서울을 사수하겠다는 정부의 말만 믿다 한강의 유일한 다리가 폭파되면서 피난을 가지 못했던 서울 시민들에게 수백만 명이 강북에 몰려 산다는 사실은 분단 상황에서 공포로 작용했다. 이는 정부에게도 큰 부담이었다. 정부는 한강 이남에 인구 100만 명이 살 수 있는 제2서울 건설계획을 발표했다. 이것이 오늘날 강남개발이 본격화된 배경이었다.

1968년 5월의 파리 학생운동을 시작으로 전세계에 교육체계와 사회문화 개혁운동이 들불처럼 번져나갔지만, 이땅의 분단체제는 1·21사태 등 냉전구도를 더욱 심화시켰다. 서울은 요새화되었고, 김신조의 침투 루트를 차단하기 위한 북악스카이웨이가 건설되었으며, 수도권 인구 집중화를 막기 위한 정책과 도성 안 인구 집중 유발 시설을 사대문 밖으로 이전하는 사업이 빠르게 진행되었다. 그리고 그 결과는 세운상가의 몰락으로 이어졌다.

나는 1984년 졸업작품전 주제로 '세운상가 재생(Rehabilitation)'을 택했다. 당시에는 '건축을 통해 도시를 변화시키고자 했으나 설계 잘못으로 오히려 세운상가가 도시에 먹혔다.'고 생각했다. 세운상가의 실패가 전

98

적으로 건축가의 탓이라고 생각했던 것이다. 그러나 서울에 대한 연구가 쌓일수록 세운상가는 건축과 도시의 문제를 넘어 국가체제와 사회의 문제를 한 몸에 짊어졌던 존재라는 결론에 도달했다.

1·21사태로 불안해진 서울 시민을 달래기 위해 정부는 강남개발에 속도를 내기 시작했다. 돈 없는 정부가 도시를 개발하는 가장 경제적(?)인 방법이었던 토지구획정리사업에 기초한 강남개발은 결국 중산층 이상 시민의 재력에 의존하게 되었다. 한정된 재화로 움직여야 했기 때문에 어느 한편을 희생시킬 수밖에 없었고, 사대문 안의 도시개발은 억제되었다. 이는 막 비상하려던 세운상가에 치명타가 되었다. 결국 1·21사태로 촉발된 강남개발이 세운상가를 통해 구도심을 현대 도시로 탈바꿈시키고자 했던 두 모더니스트의 꿈을 좌절시킨 셈이다.

1970년대 중반까지만 해도 세운상가의 아파트는 최고의 주거지였고, 백화점을 능가하는 고급상권을 형성했던 상가군은 그들의 꿈에 부응하는 듯했다. 실제로 건물 안에 교회, 피트니스클럽, 실내골프장과 사우나를 갖추고 있었고, 이는 서울시민들이 90년대에야 비로소 누릴 수 있었던 호사였다.『경향신문』의 특집 연재기사「서울…새 풍속도」를 보면 당시 세운상가가 서울에서 누렸던 기세가 얼마나 대단했는지 알 수 있다.

그러나 70년대 후반에 들어서면서 상황이 급변했다. 강남개발에 전력을 투구하면서 시작된 수도권인구 분산과 강북개발이 성과를 냈고, 1988년 서울올림픽을 치르면서 강남개발의 틀이 완성되었다. 결국 1990년대 들어 강남은 강북의 규모를 넘어섰다. 이때의 세운상가는 누가 봐도 확실히 회생불능의 공룡처럼 보였다.

강남개발과 세운상가의 몰락

1963년 서울의 시역이 한강 이남을 포함하는 오늘과 유사한 규모로 확장되면서 남서울개발계획이 발표되었지만, 기반시설이 구축되지 않은 강남으로 가려는 이들은 거의 없었다. 그러나 1·21사태가 분위기를 완전히 바꿔놓았다. 70년대 들어 본격화된

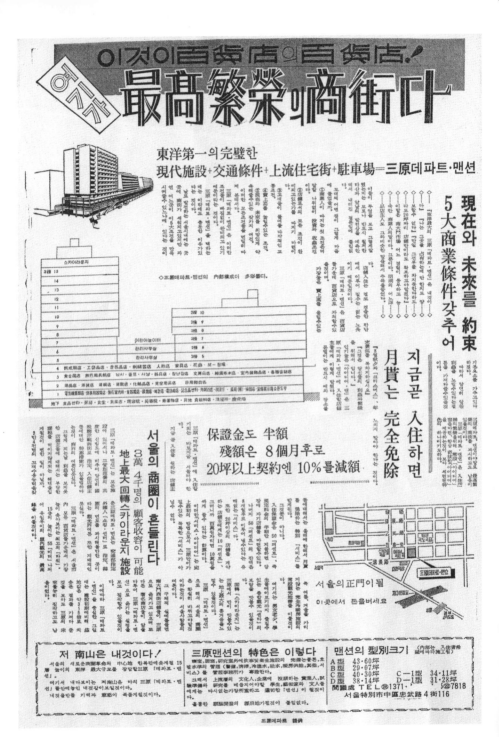

1968년 8월 11일 『주간 한국』에 실린 세운상가 광고.

강남개발은 강북 도심 발전의 가장 큰 장애로 등장했다. 강남개발은 사대문안 개발 억제에서 시작했기 때문이다. 사대문 안 개발을 억제하면 경제성장에 깔려 필요한 각종 사회적 수요를 강남이 맡을 수밖에 없으리라는 계산이 있었던 것이다. 이에 따라 도심에는 개발의 경제성을 좌우하는 신축 건물 용적률이 낮아졌고 각종 건축규제가 강화되었다. 이제 막 신흥개발지로서 면모를 갖추어 가던 세운상가와 주변 지역에는 치명적이었다.

그뿐 아니라 고급상가의 대명사가 된 직영체제의 재벌 백화점이 명동에 들어서기 시작했다. 도심 집중을 완화하기 위해 시행된 도심 내 상업시설의 서울 외곽 이전 정책으로, 세운상가의 핵심인 수입전자상가는 용산으로 이전되었다. 세운상가 상권의 몰락은 불 보듯 뻔했다. 그 결과, 종로에 면한 세운상가는 젊은 여자와 어린이는 다닐 수 없는 포르노 상권으로 전락하고 말았다. 그리고 이러한 몰락은 세운상가 철거와 주변 블록 전면 재개발의 명분이 되었다.

지금은 80년대의 악명에서 다소 벗어났지만, 아직도 전반적인 상황은 크게 나아지지 않았다. 2004년 '세운상가 4구역 도시환경정비사업'을 위한 국제지명초청현상설계가 있었고, 그 계획안의 전모가 발표되면서 세운상가가 곧 사라질 것처럼 보였다. 하지만 당선안이 유네스코 세계유산 종묘를 파괴할 수도 있다는 잠재적 위험성이 널리 알려지고 세운상가의 도시적 가치가 새롭게 조명되면서 '세운상가'의 새로운 역할을 기대하는 사람들이 많아졌다. 이제 세운상가는 새로운 상황에 직면해 있다.

1960년대의 세운상가는 서울의 미래였다

동서로 발달된 도시구조를 극복하기 위해 남북으로 새로운 도시축을 만들고자 했던 김수근 팀의 세운상가에는 1960년대의 현실을 극복하려는 의지가 담겨 있었다.

사실 당시의 위정자들은 눈엣가시인 슬럼과 사창가를 없애 번듯한 현대도시를 만들어서 보릿고개를 극복한 모습을 보여주고 싶어 했던 반면, 소개공지대의 슬럼지대를 숙제로 떠맡은 건축가는 그동안 학습했던 모더니스트로서의 이상을 실현해보고자 했다.

김수근 팀은 산업혁명 이후 피폐해진 도시의 문제를 해결하기 위해 고군분투했던 20세기 건축가들의 꿈을 알고 있었다. 코르뷔지에의 '빛나는 도시'와 2차세계대전 피해 복구 과정에서 보여준 '집합주택(Unité d'Habitation)'과 '로테르담의 도시재건 프로젝트', 독립된 국가의 이상을 담고자 했던 '찬디가르 도시계획'과 도시국가 싱가폴의 이상적 도시계획안, 1960년대 세계 경제대국으로 자리 잡은 일본이 도시문제를 해결하기 위해 제시했던 「도쿄 만 계획」, 대지진의 참화를 겪은 유고슬라비아 스코피에(현 마케도니아)의 복구계획에는 20세기 새로운 도시설계의 모델을 추구했던 건축가들의 이상이 담겨 있었다.

세운상가가 직면했던 우리 현실

그러나 이들 프로젝트는 계획에 머물렀거나 이상의 극히 일부만 실현시켰을 뿐이었다. 이에 반해 세운상가는 계획에 대한 콘셉트가 채 마무리되기도 전에 착공되어 3년이라는 매우 짧은 시간에 전체 모습을 드러냈다.

놀랄 만한 속도전이었다. 이러한 성과는 한두 사람의 역할로 설명하는 것은 불가능하다. 당시 도심 한복판의 슬럼을 정비해야 했던 절박함, 절대적으로 빈곤한 재정의 문제를 해결하면서 이상적인 도시설계의 꿈을 펼치고자 했던 건축가의 큰 그림 그리고 선투자와 이익극대화라는 자본주의 경제논리에 충실했던 건설회사들의 꿈이 뒤섞여 일군 결과였다.

그러나 불행하게도 남과 북의 대립이 극심했던 '분단체제'는 세운상가의 큰 꿈을 앗아가 버렸다.

식민지하 한반도 제1도시 서울의 비극적인 도시적 상황을 배경으로 만들어진 소개도로, 전후의 비극적 삶이 펼쳐졌던 곳, 경제성장의 가시적인 성과로 삼고자 했던 군사정부의 도시화 프로젝트의 현장 그리고 건축을 통해 새로운 도시의 모습을 만들어내고자 했던 건축가의 꿈…. 결국 그 꿈은 일장춘몽으로 끝났고 철거 대상이 되어버렸다가 새로운 길을 모색하는 세운상가! 그곳에는 지난 세기 우리 역사의 지난한 삶의 극단적인 모습이 담겨 있고, 지금은 삶을 정상상태로 돌려놓고자 하는 고민이 펼쳐지고 있다.

종묘와 세운상가

이제, 그곳으로 들어가보자. 세운상가 건너편에 위치한 종묘부터 살펴보자. 종묘공원의 존재는 종묘가 세계유산인 점을 감안하면 격에 맞는 존재라는 생각을 하게 한다. 그런데 종묘공원의 분위기가 묘하다. 종묘는 명색이 조선의 국가신전에 해당한다고 할 수 있는데, 종묘공원에는 연로한 어르신들을 고객으로 한 상행위가 주를 이루고 있다. 공원의 이용 계층은 주로 연로한 분들이다. 어르신들이 주를 이룬다고 해서 이상하다고 할 수는 없지만, 종묘공원이 고른 이용 계층을 갖고 있지 못하다는 사실은 이곳이 무엇인가 문제점을 가지고 있을 것이라는 짐작을 갖게 한다. 대낮에 공원의 곳곳에서 무료함을 달래시는 어르신의 다양한 풍경과 이들을 상대로 이권을 챙기려는 장사꾼들의 확성기와 노랫소리가 끊이지 않아 과연 이곳이 과연 국가신전인 종묘 앞인가 의심케 하기에 충분하다. 언제부터 종묘 앞 1만 2,000여 평의 땅이 공원이었을까? 세운상가 완성 즈음에 이른바 '나비작전'이 실시되어, 종묘 앞에 자리 잡고 있던 일명 종삼 사창가는 대대적으로 정비되었다. 그러나 그 뿌리가 워낙 깊어 세운상가 완공 후 1980년대까지도 종묘 앞은 낙후된 모습을 버리지 못했다. 오늘의 종묘 앞은 1985년 공원이 조성되면서 완성되었다.

종묘를 뒤로하고 발길을 옮기면 면벽한 듯한 착각을 불러일으키는 세운상가가 있었다. 이제는 '초록띠공원'이라는 이름의 작은 공간이 있다. 이 공원은 세운상가를 철거하고 녹지를 만든 후 주변을 재개발하는 것이 유일한 해법이라고 생각하던 시절에 만들어졌다.

당시 13층 높이도 버거운 종묘 앞에 현재의 몇 배에 이르는 주상복합 건물이 들어설지도 모르는 상황에 처해 있었다. 다행히 세계유산 종묘 덕에 종로변 개발계획이 크게 수정되었고, 세운상가 역시 철거의 위기에서 벗어난 듯하지만, 현재도 진행 중인 세운상가 주변 블럭의 재개발사의 규모는 종묘와 주변의 도시를 위협하기에 충분하다.

길을 건너 세운상가 건물군 중 종로에 면한 아파트 옥상으로 올라가면 우리는 또 다른 모습의 종묘를 만나게 된다. '과연 종묘!' 라는 탄성이 절로 나온다. 나아가 서울에 이런 풍경도 있었구나 하는 생각이 든다. 종묘의 전경과 종묘 너머 북악으로 연결되는 녹지축을 바라보노라면 세운상가를 만든 이들이 왜 그렇게 종묘와 남산을 연결하는 녹지축을 강조했는지 그리고 용산 미군기지 이전 문제가 불거지면서 북악에서 남산을 거쳐 한강에 이르는 녹지축을 만들자고 왜 그렇게 집요하게 주장하는지 이해할 수 있을 듯하다.

김수근 팀은 바로 이곳에 남북 약 1킬로미터에 달하는 3층 높이의 인공대지를 만들고 그 하부는 자동차 전용도로로, 상부에는 보행자 전용 몰(mall)을 조성하여 남북을 잇는 산책로와 쇼핑몰을 만들고자 했었다. 그리고 5층 이상을 아파트로 하는 주상 복합의 자족적 대형 복합 건물군을 계획했다. 세운상가는 북쪽에서부터 종로-청계천구간의 세운상가 '가'동, 청계천-을지로 구간의 세운상가 '나'동(현 청계상가와 대림상가), 을지로-마른내길의 세운상가 '다'동(현 삼풍상가), 마른내길-퇴계로구간의 세운상가 '라'동(현 신성, 진양상가)으로 분할되어 이 네 개의 지구마다에서 각각 일상의 도시 생활이 이루어질 수 있도록 도심 속의 소도시가 만들어졌다.

종로 끝의 세운상가 옥상에서 남산을 향해(혹은 그 반대 방향으로) 질주하는 거대한 건물군을 바라보노라면, 김수근 팀의 혈기왕성한 젊은 건축가들의 머리에는 코르뷔지에의 '빛나는 도시'와 마르세이유의 '위니테 다비타시옹'의 그림이 들어 있으리라 짐작하게 된다. 전 세계 그 누구에게도 주어지지 않았던 기회가 30대의 젊은이들에게 주어졌고, 그들은 그 기회 앞에 주저하지 않았다. 1960년대의 한국의 모습이다.

오른쪽 페이지의 김한용의 사진은 김수근 팀의 패기를 그대로 카메라에 담은 듯하다. 마치 세운상가가 조선의 역사와 문화의 상징인 종묘를

1970년경 세운상가 전경, 김한용 사진.

머리로 치받고 있는 듯한 모습은, 역사를 넘어서고자 했던 모더니스트의 태도를 잘 묘사한다. 그러나 유감스럽게도 세운상가를 실질적으로 주도했던 건축가 윤승중은 자신들은 종묘에 도전하지 않았으며, 오히려 종묘를 존중하며 세운상가를 진행했다고 나에게 말했다. 세운상가에 대한 건축사적 의미가 다소 반감되는 순간이었다.

1967년 준공 당시의 모습을 『중앙일보』는 이렇게 쓰고 있다. "26일 오후 일부가 개점된 종묘-대한극장간 상가아파트는 그 웅장한 규모에 현대적 시설을 갖추어 서울의 상가에 군림하는 새 명소로 등장하였다." 이 기사의 언급대로 60년대 후반에서 70년대 중반까지 세운상가는 서울의 중심상권을 형성했고 아파트 또한 선망의 대상이었다. 그러나 이후 서울의 중심 상권이 충무로, 명동으로 이전하고 대형 백화점이 개장되면서 세운상가의 세력은 급격히 약화되었다. 또한 한강변에 현대, 삼익, 한양 아파트 등 고급 아파트의 건설로, 초기 세운상가의 입주자들이 강남으로 이주하면서 이제는 영세한 사무실이나 경제적 여력이 없는 계층의 주거로 바뀌었다.

우리는 세운상가가 몰락해서 슬럼화되었다고 쉽게 이야기한다. 그러나 사실 세운상가는 공룡 같은 몸체를 여전히 굳건하게 유지하고 있다. 김진애는, "용산전자상가와 강변 테크노마트가 생길 때 일반에서는 세운상가가 곧 죽을거라 했지만 세운전자상가는 여전히 성업중"이라며 다음과 같이 말한다. "세운상가는 아직도 전기, 전자 제품의 집산지이며 국내 오디오 매니아들이 가장 즐겨 찾는 곳이다. 종합조명 점포에서부터 방송국, 스튜디오, 무대조명, 진열장 등에 이르는 각종 특수 조명기구들, 컴퓨터, 비디오 등 다양한 전자제품이 한곳에 모여 있고, 가격도 저렴해서 전국의 상인들뿐만 아니라 소비자들로 북적대는 전문상가이기 때문이다."

물론 몰카와 음란 비디오의 천국, 요즘은 도감청 장비를 구할 수 있는 곳으로 언론을 타기도 하지만 부품을 가장 싸게 살 수 있는 동네라는 명성은 사라지지 않고 있다. 충무로 쪽 진양상가에는 꽃가게와 홈패션 그리고 애견동물 코너도 퇴계로와 맥을 같이하며 자리하고 있다. 상가뿐 아니라 아파트도 600여 채나 있다. 교통요지, 일터와 근접한 주거공간이다. 오피스와 호텔도 있다. 90퍼센트를 호화 아파트로 채우는 요즘 무늬만 주상복합인 주상복합건물과는 비교가 안 되는 진짜 복합도시다. 3,000여 개 업체, 고용인구 2만, 이용인구 30여 만이 꿈틀거리는 거대 생명체이기 때문이다. 옥상에서 바라보는 지붕의 모자이크는 그 복잡함을 잘 보여준다. 숨쉴 곳 하나 없을 것 같은 곳에서 살아 움직이는 거대한 도시생명체가 세운상가의 진면목이다.

그 현장을 확인하기 위해서는 여러 층을 오르내리는 발품을 팔아야 한다. 보차분리를 실천에 옮겼던 곳을 확인하기 위해서는 도로레벨로 내려와야 하고, 종묘에서 남산으로 연결되는 산책로를 확인하기 위해서는 데크 위를 걸어야 한다. 그러나 이제는 아쉽게도 청계천 복원공사와 함께 곳곳의 데크가 단절되어 있다. 각 블록의 상가를 연결하고자 했던 내부 상가몰은 제대로 구현되지 않았지만 각 블록마다 옥상정원을 갖고 있어 거주자의 휴식공간으로 활용되고 있고 아파트 안에는 중정도 마련되어 있다. 애초에는 옥상에 초등학교를 세울 계획이어서, 당시 신문은 어린이들이 비를 맞지 않고 통학이 가능하고 교통사고 위험에서 해방된 이상적인 곳이라는 꿈같은 이야기를 전하기도 했었다.

1킬로미터라는 짧지 않은 거리를 오르내리며 세운상가를 체험하다 보면, 어느새 마지막에 위치한 진양상가에 다다르게 된다. 진양상가의 아파트가 가장 높고, 종묘 쪽의 아파트가 가장 낮은 것은 고도제한 등의 법규가 마련되지 않았던 시절에도 종묘에 대한 예의를 지키고자 했던 건축가의 뜻이었을 것이다.

진양상가의 아파트 옥상에서 근접한 남산을 바라보는 동시에 남산에서 종묘를 향해 질주하는 세운상가 열차군은 도시와 건축에 관심을 갖는 사람들에게 많은 생각을 안겨준다. 위정자와 건축가는 세운상가를 통해 서울의 구조를 개편하고 서울을 현대도시로 탈바꿈시키겠다고 했지만, 2차대전 이후 구축된 분단체제는 오히려 세운상가를 도시에 먹히게 만들었기 때문이다.

　　세운상가는 현대사를 오롯이 담고 있다. 때문에 건축의 문제를 넘어 근현대사의 큰 그림 속에서 조명되어야 한다. 도시사적 시각을 더한다면 세운상가의 역사적 의미와 가치의 크기는 또 달라진다. 20세기 새로운 도시설계의 모델을 추구했던 이상이 실현된 곳이 세운상가이기 때문이다.

　　해방 70년, 분단 70년을 맞이하는 올해, 일제강점기에 터가 만들어졌던, 지금은 세계에서 유일하게 남은 냉전의 현장인 이곳 세운상가는 전쟁의 상처 이상일 것이다.

　　1960년대 이 땅에 살았던 모든 이들의 이상을 소화해냈던 세운상가. 아무도 예상치 못했던 곳에서 20세기 건축가들의 도시에 향한 꿈이 구현되었던 세운상가가 어떻게 이 시대의 가치를 담아내 자신의 50번째 생일을 맞이할지 지켜볼 일이다.

시선의 모험: 마포아파트의 경우[1]

1

지금 당신의 시선은 한 장의 흑백사진에 꽂혀 있다. 사진 속 콘크리트 구조물이 당신의 시선을 사로잡았다. Y자형의 평면 위에서 직각으로 솟아오른 여섯 개의 다면체. 주변 풍경과의 극단적인 대비 때문에 미래에서 날아와 불시착한 미확인 비행물체 편대처럼 보인다. 동력 장치만 작동하면 지금 당장이라도 빠른 속도로 회전하며 차원 이동을 감행할 태세다. 찰칵. 주변 상공을 맴돌던 카메라의 뷰파인더는 망원렌즈를 장착한 후 이 순간을 포착했다. 무엇보다 당신을 매료시킨 것은 사진 속 구조물의 포즈였다. 대오를 갖춰 팽팽한 긴장감을 유지하는 도도한 몸맵시. 흉내를 내보거나 연습을 거듭한다고 한들 이런 포즈를 취할 수 있을까? 당신은 그렇지 않다고 생각한다. 외려 그것은 자신을 응시하는 조감의 시선을 본능적으로 내면화한 대상만이 누릴 수 있는 특권에 가깝다. 당신은 이 구조물의 이름을 알고 있을 것이다. 1962년에 1차로 완공된 후, "도시의 입체화를 위한 새로운 시민 주거공간"이자 "450세대가 누리는 현대식 생활의 전당"으로 한껏 유명세를 치른 마포아파트.

잠시 사진 속 구조물 주변으로 시선을 옮겨보자. 주변의 개량 한옥들은 숨죽인 채 낮은 포복 중이다. 좁은 골목길에는 인적은 거의 찾아보기 힘들고, 몇 안 되는 가로수만 구석에서 마른 가지를 내밀고 있다. 시간을 멈춰 세우는 사진의 힘 덕분인지 겨울 강바람이 아직도 스산하게 불고 있는 것 같다. 그렇게 주변을 한번 훑고 난 뒤 당신의 시선은 사진의 하단, 아파트의 입구로 향한다. 중앙 분리대까지 설치한 널찍한 진입로가 있고, 그

---

1 이 글은 필자의 『콘크리트 유토피아』(자음과모음, 2011)의 제1장 「시선의 모험」을 일부 발췌하여 축약, 정리한 것이다.

길의 끝에는 원형의 로터리가 있다. 그런데 약간 이상하다. 이 로터리는 교차로라기보다는 반환점에 더 가까워 보이니 말이다. 그래서일까? 그 길은 아파트 거주자가 일상적으로 오가는 길보다는 외부인이 이 구조물들을 한번 둘러보기 위한 길에 가까워 보인다. 색다른 눈요깃거리를 찾아 나선 이들을 맞이하는, 그런 길 말이다.

길의 존재를 인지하는 순간, 당신은 이제 그 길을 따라가며 지상의 눈높이에서 아파트를 바라보고 싶어진다. 시발택시의 운전석 옆자리라면 더할 나위 없을 것이다. Y자형 구조물의 입면과 측면 들은 시시각각 다른 모습으로 변모해 당신의 시야에 요철을 만들면서 입체적인 경관을 아로새길 것이다. 지금, 당신은 그 경관을 즐기고 싶다. 하지만 그런 바람은 상상에 그칠 뿐이다. 주지하다시피 이미 오래전에 이 아파트는 헐렸기 때문이다. 당신은 아쉬움을 느끼며 사진 바깥의 현실로 되돌아가려고 한다. 1962년의 과거와 21세기의 현재의 교차로. 그런데 당신은 문득 조금 전까지 자신이 동일시했던 카메라의 시선이 궁금해진다. 차가운 강바람이 드세게 불던 1962년 겨울 어느 날 창공에서 마포아파트를 조감하던 시선의 정체는 무엇인가?

사실 나는 오랜 세월 동안 지난 20세기에 내 자신이 감행했던 모험에 대해 입을 닫고 지내왔다. 누가 강요한 것은 아니었다. 다만 나는 그것을 대화의 소재로 삼는 것 자체가 내 자신을 변호하는 비겁한 행동으로 비칠까 염려했다. 게다가 보통 사람들이 흥미를 느낄 만한 이야기도 아니었다. 모더니티의 먹구름에 휩싸인 유럽 메트로폴리스의 번화가에서 출발해 극동 아시아에 자리 잡은 별 볼 일 없는 도시의 아파트 단지에 당도했던 기나긴 여정. 누가 그런 이야기를 따분해 하지 않고 들을 수 있을까? 그래서 나는 잠자코 있었다. 하지만 지금, 당신이 무심코 던진 질문 앞에서 입을 열기로 작정했다. 길 잃은 호기심의 소유자에겐 길잡이가 필요한 법이다.

혹여 중심부와 주변부를 넘나드는 전 지구적 여정에 어떤 낭만주의가 스며들어 있을 것이라는 기대는 제발 거둬주기 바란다. 사실 내 모험담

마포아파트, 서울, 1962, 국가기록원 제공.

은 표류기에 더 가까우니 말이다. 한때 다윈은 진화가 무작위적 변이와 필연적 선택이 뒤엉킨 결과라고 설명한 적이 있다. 실제로 내 모험의 궤적을 그려본다면 다윈이 작성되었을 법한 진화의 다이어그램 같은 모양에 가깝지 않을까?

모더니티의 악몽이 시작되기 이전까지만 해도 나는 전지(全知)의 대명사였다. 나에겐 특권화된 인식의 지위가 배정되어 있었다. 그 덕분에 나는 아무 일도 벌어지지 않는 오후의 한가로움을 즐기며 전원의 풍경을 관조하곤 했다. 물론 그렇다고 해서 내게 맡겨진 임무를 방기한 것은 아니었다. 나는 언제나 역사와 호흡하며 모든 인간사를 지켜보았다. 바빌로니아에 세워진 건축물들의 명쾌한 질서를 열정적인 눈으로 바라보았고, 필리포 브루넬레스키(Filippo Brunelleschi)가 피렌체에 세워질 산타마리아 델 피오레 대성당의 돔 도면을 그리고 있을 때 펜을 들고 부지런히 움직이는 그의 손에 한없는 애정의 눈길을 보내기도 했다. 또한 정원사 출신의 엔지니어 조셉 팩스턴(Joseph Paxton)이 영국 만국박람회를 위해 설계한 2만 평 규모의 수정궁이 수십만 장의 유리와 수천만 톤의 철로 단 6개월 만에 건설되던 광경도 지켜보았다. 물론 나는 형언하기 힘든 살육과 파괴의 참상들도 보아왔다. 불타는 함선에서 비명을 지르며 제 살이 녹아 흘러내리는 것을 지켜보던 펠리페 2세(Felipe II)의 병사들, 나폴레옹의 군대에게 사지가 찢겨져 나간 후 벌판에서 처참하게 썩어가던 시체들 그리고…. 나는 '관찰자'로서의 내 임무에 충실했다.

여기까지 이야기를 듣고선 당신들 중 누군가는 쉽사리 어떤 불사의 생명체를 떠올릴 수도 있다. 하지만 나는 그런 유형(有形)의 존재가 아니다. 나는 시선이다. 나는 하나의 시선이면서 모두의 시선이며, 수많은 나들 중 하나이기도 하다. 어쩌면 당신들은 지금 당신의 두개골에 박혀 있는 안구의 윤곽을 손끝으로 더듬으며 나를 떠올리고 있을지도 모르겠다. 물론 나는 실체로서 '눈'이라고 불리는 감각기관이기도 하다. 하지만 그것이 전부는 아니다. 나는 눈이면서 동시에, 당신들이 그 눈으로 세상을 지각하는 방식을 조직하고 제어하고 규정하는 담론, 제도, 기술의 집합적 네트워크이기도 하다. 그러니 이렇게 이야기할 수 있을 것이다. 당신의 의식 바깥에서 당신이 눈치채지 못하게 당신의 눈을 제어하는 점액질의 습속, 바로 그 작동의 알고리즘 또한 바로 나라고 말이다.

2

내 모험담을 어디서 시작해야 할까? 20세기 초 모더니티의 감각에 관한 역사적 담론을 들여다보면, 당시 나를 새롭게 정의하려던 모델들이 서로 경쟁 중이었다는 사실을 눈치채기란 그리 어렵지 않다. 지그문트 프로이트(Sigmund Freud)의 신비로운 글쓰기판, 르 코르뷔지에의 투시도적 조감, 발터 벤야민(Walter Benjamin)의 광학적 무의식, 에른스트 윙어(Ernst Jünger)의 냉정한 이차적 인식 등. 일반적으로 이 모델들은 이론의 차원에서 진리의 왕좌를 두고 서로 다투는 경쟁자들로 간주되곤 한다. 그러나 내 관점은 다르다. 스티븐 제이 굴드(Stephen Jay Gould)는 다윈의 이론을 혁명이라고 부를 수 있는 이유가 "자연 현실의 핵심 범주로 본질 대신 변종으로 대체"했기 때문이라고 지적한 적이 있다.[2] 다윈에 따르면 세계는 근본적으로 변종들의 세계이며, 본질이란 변종들의 평균치를 추상화한 가상의 개념일 뿐이다. 이런 관점에 시간성의 차원을 접목한다면 어떨까? 다음과 같이 말할 수도 있지 않을까? 상대적으로 안정적인 시기에 무작위적 변이의 가능성은 제한적일 수밖에 없지만 혼돈스러운 변화의 시기에는 그 가능성이 좀 더 넓게 분포된 차이들을 만들어낼 수도 있다고 말이다. 이에 따르면, 나 역시 전자의 시기에는 단 하나의 지배적 형태로 수렴되기도 하지만, 후자의 시기에는 셋이거나 다섯, 혹은 여럿의 '나'들로 분화하면서 서로 경쟁을 벌이기도 한다.

앞에서 언급한 나에 대한 모델들은 바로 후자의 역사적 상황을 반영한 것이었다. 그 모델의 발명자들은 모더니티의 상이한 분기점 위에 서 있었고 서로 다른 방식으로 외부의 도전에 응전해야만 하는 처지였다. 실제로 그들은 특수한 역사적 국면 속에서 자신에게 주어진 변이의 가능성을

---

2   스티븐 제이 굴드,『풀하우스』, 이명희 옮김(사이언스북스, 2002), 66-67쪽.

탐색하면서, 우연의 방만한 권능이 아닌 의식의 자발적인 힘으로, 좀 더 진화된 우세종의 '나'를 만들려고 시도했다.[3] 그들의 모델은 바로 이런 과정의 산물이었다. 그렇게 나는 그들의 이론적 실험을 통과하며 복수의 나들로 분열했고, 그 양상은 그들의 모델로 표현되곤 했다.

그러면 그 변종 중에서 건축가 르 코르뷔지에의 모델을 살펴보도록 하자. 그의 문제의식은 다음과 같은 질문으로 요약된다. 메트로폴리스의 혼란스러운 자극을 수용할 수 있도록 자극의 원천 자체를 변형시키면 어떨까? 이런 문제의식이야말로 건축가에게 어울리는 것이 아닐까? 이 질문의 발단은 우연한 사건에서 비롯되었다. 1924년 10월 어느 날 오후, 청년 르 코르뷔지에는 파리의 샹젤리제 거리를 배회하며 모더니티가 빚어낸 도시 경관의 생김새를 오감으로 더듬고 있었다. 흥미롭게도 그의 역할 모델 역시 다름 아닌 산보객이었다. 하지만 앞서 살펴보았듯이 산보객은 20세기 초반의 메트로폴리스에 어울리는 존재가 아니었다. 아니나 다를까, 퇴근 시간에 맞춰 갑자기 자동차들이 거리로 쏟아져 나오면서, 스위스 출신 건축가의 한가로운 산책은 위기에 처한다. 자동차 한 대가 그를 향해 돌진하면서 큰 사고가 날 뻔했던 것이다. 재빨리 몸을 피한 덕분에 크게 다치진 않았지만 그는 이 사건을 계기로 메트로폴리스의 보행자를 자동차의 위협에 방치해선 안 된다고 판단했다. 그대로 내버려둔다면 거리에 자동차들이 넘쳐나 결국 도시의 거주민을 완전한 무방비 상태로 내몰 것이 분명해 보였다. 하지만 그렇다고 해서 모든 자동차를 도심에서 쫓아낼 수도 없지 않은가?[4]

결국 그가 행한 선택은 자동차를 교통의 중추 미디어로 삼는 거대 시공간-기계로 파리를 재건하는 계획에 착수하는 것이었다. 그가 보기에, 도보의 눈높이에서 거리를 바라보는 벤야민적인 산보객의 시선은 자동차 시대의 건축가에겐 더 이상 어울리는 감각이 아니었다. 이제 그는 중력

---

3 문화이론의 언어에 익숙한 이들이라면, 위의 상황을 다음과 같이 표현할 수도 있을 것이다. "도시-산업적 기술의 확산, 대규모로 진행된 사회적(그리고 성적) 관계의 해체, 대중 소비로의 이행이 실질적인 파괴와 결손을 초래하는 동안, 시선과 감각적 지각을 조직화하는 새로운 방식, '사물들'과의 새로운 관계 그리고 모방적 경험과 표현, 정서, 시간성, 성찰성의 다양한 형식들… 등이 출현했다."[Miriam Hansen, "The Mass Production of the Senses: Classical Cinema as Vernacular Modernism," *Reinventing Film Studies*(New York: Oxford University Press, 2000), 333쪽].
4 르 코르뷔지에, 『도시계획』, 정성현 옮김(동녘, 2003).

의 족쇄로부터 풀려나 건축적 상상의 날개를 펼치며 창공 위로 날아올라야 했다. 그래야만 직선과 직각으로 감각의 질서를 성취한 미래의 인공 환경이 그의 시야에 들어올 것이기 때문이었다. 마천루 도시에 관한 모더니즘의 이상을 가장 강렬하게 구현했다고 평가받는 「부아쟁 계획(le Plan Voisin)」은 그와 같은 비상이 가져다준 조감의 투시도적 시선에 의지해 탄생할 수 있었다. 이후 르 코르뷔지에의 시선은 철근, 콘크리트, 유리 같은 신재료와 혁신적인 건설기법의 도움으로 기하학적 공간을 물리적으로 구축하는 데 탁월한 역량을 발휘했다. 그리고 그 덕분에 다른 변종보다 우위의 자리를 차지하며 전 지구적 차원으로 빠르게 확산되었다.

그리고 나는 10여 년에 걸쳐 그 확산의 경로를 따라 이동한 끝에 지구의 반대편, 식민지 경성에 당도했다. 그리고 그곳에서 새로운 시선을 갈망하던 총독부 건축기사 출신 작가 이상(李箱)을 대면하게 되었다. 당시 나는 르 코르뷔지에의 모델로 변이한 뒤 동북아시아의 여러 도시를 떠돌던 상황이었다. 나는 오랜 여행으로 지쳐 있었고, 그래서 정착할 곳을 찾고 있었다. 이상을 만난 것은 1936년 어느 날이었다. 바로 그날 그는 르 코르뷔지에와 유사한 경험을 했다. 산보객의 자질을 타고난 그는 아내와 다툼 끝에 달음박질로 집에서 빠져나와, 커피나 한잔 마실 요량으로 경성역의 찻집으로 향했다. 그곳이라면 알아보는 사람이 아무도 없을 테니 마음 놓고 쓰디쓴 입맛을 거두어낼 수 있을 것이라고 판단했던 것이다. 아내의 외도에 대한 의심을 거둬내지 못하고 무언가에 홀린 듯 발걸음을 재촉하다가, 여러 번 자동차에 치일 뻔한 일이 발생했다. 르 코르뷔지에와 마찬가지로, 산보객의 위협적인 적수로 자동차가 등장하는 대목이었다.[5]

하지만 르 코르뷔지에와는 달리, 이상은 더 이상 전진하지 못한다. 다행히 고비를 넘기고 무사히 경성역에 도착하지만, 뒤늦게 자신의 빈 주머니를 확인하곤 다시 얼빠진 사람처럼 거리를 배회한다. 그리곤 문득 미스코시 백화점의 옥상에 주저앉아 있는 자신을 발견한다. 그는 거기에서 "피곤한 생활이 똑 금붕어 지느러미처럼 흐늑흐늑 허우적거리는" 오탁의 거리를 내려다본다. 그리고 정오 사이렌이 울리고 "사람들은 모두 네 활

5 이상, 「날개」, 『날개, 권태, 종생기』(범우사, 2007). 이후의 인용은 「날개」와 함께 「종생기」와 「권태」를 참조했다.

개를 펴고 닭처럼 푸드덕거리는 것 같고 온갖 유리와 강철과 대리석과 지폐와 잉크가 부글부글 끓고 수선을 떨고 하는 것 같은 찰나!", 그는 불현듯 겨드랑이에서 가려움을 느낀다. 그의 표현을 따르면, 거기는 "내 인공의 날개가 돋았던 자국"이 있다. 하지만 지금 날개는 사라지고 없다. 그러니 옥상 난관을 박차고 올라 경성의 하늘을 활공하며 조감의 시선으로 모더니티의 도시를 상상할 여력이 없다. 산보객의 시선은 현대적 건축가의 시선으로 도약하지 못하고 바닥에 주저앉는다. 그저 그가 할 수 있는 일이라곤, "가증할 상식의 병"으로 머릿속에 준비된 백지 위에다가 "위트와 파라독스를 늘어놓는 것"뿐이다. 조감도를 그리는 것이 아니라 오감도의 시를 쓰면서.

결국 그는 도태되었고, 그의 몸에 정착하고자 했던 나의 시도 역시 실패하고 말았다. 나는 다시 표류하기 시작했다. 다행스러운 것은, 방황이 그리 오래 지속되지 않았다는 점이다. 바로 전쟁이라는 새로운 기회가 나를 찾아왔기 때문이다. 만주사변과 중일전쟁이 발발한 1930년대를 거치면서 일본 제국의 영향력은 동북아시아 전반으로 확대되었고, 한반도는 만주 개발의 거점이자 전쟁의 병참 기지로 재편되고 있었다. 이 과정에서 내가 주목한 것은 새로운 세대의 식민지 청춘들, 특히 아시아의 민족들이 근대국가를 수립하려는 의지를 지니지 못했다는 사실을 인정하고 대동아 공영권의 일원으로 거듭나야 한다고 주장하는 이들이었다. 이들에게, 이상과 같은 이전 세대 지식인을 괴롭혔던 식민지인의 서자 의식은 불필요한 감정의 낭비에 불과했다. 그들에게 민족이란 역사적 질서의 전환기에는 얼마든지 새로운 형태로 개조될 수 있는 것이었기 때문이다.

바로 이 대목에서 이들이 변신의 무대로 주목한 것은 새로운 형태의 '전쟁', 즉 총체전이었다. 이들에게 큰 영향을 미친 일본 교토학파에 의하면 총체전의 근본 문제는 "균형이나 조화를 추구하는 합리성"이 아니라, "비합리적인 비약, 그리고 그런 비약 속에 내재한 합리성"에 있다. 달리 말하자면, "비합리적인 합리성"의 행위를 어떻게 실현하며 무엇을 성취하느냐는 문제로 집약된다. 합리성의 논리가 온전하게 포섭하지 못하는 비약의 행위는 현재의 균형 상태를 근본적으로 부정하거나 초월함으로써 새로운 형태와 질서를 지닌 균형 상태로 넘어갈 수 있다. 이런 논리대로라면, 조선인에게 총체전은 협소한 민족 관념을 말소시키고 빠른 속도로 그리고 좀 더 적극적으로 일본인으로 거듭날 수 있는 변신의 무대이며 '비합리적인 합리성'의 용광로이다.[6] 파시즘 담론에 매혹된 식민지의 청춘들은 그 용광로로 뛰어들려고 준비했다.

　　바로 이 대목에서 그들에겐 이상의 시선과는 완전히 다른 시선이 필요했다. 총체전의 한복판에서 기계 테크놀로지의 경관을 발견해낼 수 있는 시선, 그것만 있다면, 전쟁이라는 거대한 생산력의 보고는 무한대로 증폭된 변신의 가능성을 제공해줄 것이다. 기계문명의 격렬한 흐름 속으로 합류해 새로운 피와 살로 거듭나리라는 판타지, 내 판단으로는 이 상상력의 공중곡예를 무리 없이 펼치기 위해선 새로운 시선의 모델이 필수적이었다. 그것이 별 무리 없이 식민지 청춘의 시선에 장착되었기 때문일까? 실제로,

> 속도(역사)에 낙오하지 않으려는 청춘의 열망은 "기체와 인체는 완전히 하나의 신경으로 긴장한다"고 노래하면서 "강철의 심장"을 가진 "전차의 위력"을 찬미하는 일마저 초래했다. 더 나아가 참전한 조선인 "멧서 슈미트기" 조종사의 "청춘"은, 어머니와 "속도계와의 거리 속"에서 비장한 "공장(公葬)"을 꿈꾸었다.[7]

식민지의 청춘들은 총체전의 경관을 무대 배경으로 삼아서 강철 갑옷으로 중무장한 채 나르시시즘의 쾌락을 상상하고 있었다. 그러나 그들이 실전의 무대에 오를 시간이 다가오자, 상황은 그들의 예상과는 전혀 다르게 전개되었다. 주지하다시피 만주와 동남아시아 일대에서 벌어진 그들의 전쟁은 히로시마와 나가사키에 투하된 원자폭탄의 버섯구름으로 끝을 맺었다. 대동아 공영권의 야심과 변신의 욕망은 무참하게 산산조각 나버렸다. 그리고 어느 날, 그들이 알지 못하는 조국이 느닷없이 찾아왔다.

6　니키무라 미츠오 외, 『태평양 전쟁의 사상』, 송태욱 외 옮김(이매진, 2006), 319-358쪽.
7　이경훈, 『대합실의 추억』(문학동네, 2007), 215쪽.

해방과 더불어 한반도는 두 개의 국가로 나뉘었고, 남북 간의 이데올로기 갈등은 첨예해졌다. 일본의 패망 이후에도 나는 총체전에 기반을 둔 시선의 모델에 대한 집착을 버리지 못했다. 내가 보기에 또 다른 전쟁이 발발하는 것은 시간 문제였기 때문이다. 숨을 죽인 채 기회가 오기만을 기다렸다. 그리고 5년이 지난 후 1950년 6월 25일, 내 예상대로 전쟁 기계들이 한반도를 급습했다. "세계대전에서 명성을 얻은 무기들이 몇 해 동안 휴식을 취하다 몰려 들어와 무기가 할 수 있는 일을 하나도 빼놓지 않고 했"던 동족상잔의 비극. 뒤늦게 한반도에 당도한 전쟁 기계들은 압도적인 폭력으로 경악스러운 스펙터클을 만들어냈다.

그 가운데 나를 단숨에 매혹시킨 것은 그해 7월 16일에 미군의 용산 대폭격 작전이 연출한 대량살상 광경이었다. 그날 미군의 B-29 전략 폭격기 50대가 서울의 하늘을 비행하며, 한 시간여에 걸쳐 용산 이촌동에서 마포 공덕동까지 이르는 지역에 대형 폭탄을 쏟아 부었다. 우연히 이 폭격 장면을 목격했던 손정목은 그 폭격이 당시 서울 시민들에게 전쟁의 실체를 체감케 하는 잊을 수 없는 경험을 안겨주었다고 말한다. 그는 "해방촌 언덕을 걸어 남산 능선에 올라선 찰나"에 폭격 장면을 목도했다.

비행기의 요란한 굉음에 놀라 뒤돌아봤더니 남쪽 하늘 일대가 대형 폭격기로 뒤덮여 있었다. 나는 너무 놀라서 그 자리에 풀썩 주저앉았고 되풀이되는 폭격 장면을 처음부터 끝까지 구경할 수 있었다. 나의 한평생에서 가장 무서웠던 체험 중 하나로 기억되고 있다.[8]

한편, 이범선의 소설 「오발탄」에 등장하는 주인공 철호의 어머니도 손정목이 목격했던 바로 그 대폭격의 현장으로 불려나간다. 북녘 땅에서 "꽤 큰 지주로서 한 마을의 주인 격으로 제법 풍족하게 평생을 살아오던" 그녀의 가족은, "산등성이를 악착스레 깎아내고 거기에다 게딱지 같은 판잣

---

8   손정목, 『서울 도시계획 이야기 1』(한울, 2003), 46-47쪽.

집들을 다닥다닥 붙여놓은" 남산 기슭의 해방촌에서 살아간다. "나라를 찾았다면서 집을 잃어버려야" 했던 자신의 처지를 이해하지 못하는 그녀는 "뭐가 잘못됐던 잘못된 너머 세상"이라고 푸념하며, 월남 이후 단 하루도 거르지 않고 아들에게 "가자"고 외친다. 마치 그녀가 세상을 견딜 수 있는 유일한 방법은 그 외침뿐이라는 듯. 전쟁이 발발하자 상황은 되돌릴 수 없는 방향으로 흘러간다. "바로 발밑에 보이는 용산 일대가 폭격으로 지옥처럼 무너지는" 참상을 목격한 뒤 정신을 놓아버리고 만 것이다.[9] 이렇듯 전쟁 기계의 조감하는 시선에 노출된 채로 살육의 현장을 목도하는 경험은 농경문화적 감각의 소유자에겐 정신적 외상을 안겨주기에 충분했다.

　나는 그 이후에도 미 공군이 연출하는 폭격의 스펙터클을 관찰하면서 서울 시민 가운데 잘 알려지지 않은 우성의 개체가 적자생존의 결과로 역사의 무대에 등장하는 모습을 상상하기 시작했다. 식민지의 일부 청년들이 총체전을 통해 새로운 인간형으로 거듭나기를 원했다고 언급한 바 있다. 그렇다면 바로 이 기계화된 전면전의 한복판에서 그런 인간형이 출현할 수도 있지 않을까? 단도직입적으로 말하자면, 나는 바로 이 질문이 향하고 있는 지점에서 30여 년에 걸친 기나긴 표류기에 종지부를 찍을 수 있었다. 어느 보수 일간지가 "식민지 시대에 태어나 청소년기를 보내고, 한국전쟁을 몸으로 치르고, 산업화·근대화를 이끌어온 대한민국의 위대한 세대"라고 칭한 집단의 일원으로, "피바람이 부는 전쟁터"에서 감각을 단련한 군인들의 신체, 그것이 바로 내가 최종적으로 정착한 장소였다. 군인의 감각과 청춘의 속도로 전장으로 향하면서 "죽음을 두려워하면 반드시 죽거나 다친다."고 다짐하며 생과 사의 경계를 초월할 수밖에 없었던 청년 장교들. 그들은 관념의 공중곡예가 아니라 전쟁 경험의 극한 속에서 자연스럽게 새로운 시선의 모델을 탑재했고, 비가역적인 진화의 궤도에 올라설 수 있었다.

　의아한 표정을 지을지도 모르겠지만, 이 글의 맨 앞자리에서 언급했던 마포아파트를 바라보던 시선은 바로 이런 진화의 결과였다. 여기서 주

9　이범선, 「오발탄」, 『오발탄』(문학과지성사, 2007).

목해야 할 것은 구상과 입안부터 마포아파트 건설을 주도했던 1927년생 황해도 출신의 육사 8기 장동운 중령이다. 아이러니컬하게도 「오발탄」의 철호와 비슷한 연배였던 그는 박정희의 2군 사령부 직할 공병대대장으로 5·16 군사쿠데타에 참여한 후 대한주택영단의 '총재'로 부임했고, 현대식 아파트의 건설을 통해 현대적 주택 정책의 표본을 제시하려고 했다. 그가 아파트를 처음 본 것은 전쟁 중 미국에서 연수를 받던 때였다.

> 저는 1953년 미국 워싱턴 DC에서 휴전 소식을 들었어요. 미군 공병학교 고등군사반에서 교육을 받기 위해 그해 초 미국에 가 있었습니다. 미국은 전쟁 중인데도 한국군 장교들을 데려가 교육을 했어요. 전쟁이 끝나고 민주국가를 건설하는 데 써먹기 위해서였지요. 어느 날 영어 잡지를 읽다가 아파트에 대한 기사를 봤어요. 한 건물에 수십 가구가 사는 아파트 건물들이 거대한 단지를 형성하고 있더라고요. 저는 생전 처음 보는 건물들이었어요. '야! 우리나라는 앞으로 아파트를 지어야겠다. 땅이 좁으니까 아파트를 지으면 국토를 효율적으로 이용할 수 있지 않겠느냐'는 생각이 들었어요.[10]

여기서 당신들은 스티븐 제이 굴드가 이야기한 바 있는 "영리한 여행자"를 떠올릴 수 있을 것이다. 굴드에 따르면 이 여행자는 "외국에서 바퀴를 한 번만 보고도 그것을 수입해 자국의 지역문화를 근본적으로, 영구히 변화시켜버릴 수 있다". 실제로 장동운은 바로 그런 여행자였다. 그런데 그가 단순히 사진 속의 건물들, 즉 전후 미국의 원조로 유럽 도시에 건설 중이던 아파트 모델을 수입한 데 그친 것은 아니었다. 그가 사진 속에서 엿본 것은 또 다른 변종의 가능성이었다. 그는 자신의 감각에 내면화된 군사적 파괴의 시선을 건축가의 투시도적 시선과 접목할 수 있는 가능성을 발견했던 것이다.

장동운의 독특한 시선 덕분이었을까? 우여곡절 끝에 완공된 Y자형의 마포아파트는 지표면에 납작하게 엎드린 단층 건물들과는 뚜렷하게

---

10 "위대한 세대의 증언: 주거혁명의 기수 장동운", 『월간조선』(2006년 7월 호).

대비되는 입체적인 모양새다. 설계 실무자에 따르면, Y자형의 구조를 택한 것은 일차적으로 구조역학적인 이유 때문이었다.[11] 한강변의 강한 바람에도 견딜 수 있도록 압력을 분산하기 위해서였다는 것이다. 그러나 결과는 원인을 넘어섰다. 장동운에게 '조국 근대화'라는 주체의 의지가 '1인당 국민소득 84달러'라는 초라한 경제 지표에 굴하지 않고 공간의 질서로 표현된 결과에 가까웠다. 박정희 장군의 완공 기념사대로, 그는 마포아파트가 "장차 입주자들의 낙원을 이룸으로써 혁명 한국의 상징"으로, "현대적인 집단 공동 생활양식"의 확산을 가져와 "구래의 고식적이며 봉건적인 생활양식에서 탈피"해 "국민 생활과 문화의 향상을 이룩할 것을 믿어 의심치 않"았다. 하지만 거창한 의미 부여만으로 문제가 해결된 것은 아니었다. 군사쿠데타 세력은 그저 불법적으로 권력을 찬탈한 군인에 불과했고, 따라서 스스로 의미의 보증인이 될 수 없는 상태였다. 그들이 말하는 바가 설득력을 지니기 위해선 그것의 의미를 보증해줄 외부의 후견인이 필요했다. 이런 측면에서 보면 장동운의 이후 행적은 시사하는 바가 크다. 마포아파트의 성공 이후, 1963년에 그는 공화당 사무차장으로 정계에 입문했으나 육사 동기들 간의 권력 투쟁에서 패배해 정치 일선에서 밀려났다. 한직을 맴돌던 그가 1966년에 맡았던 직책은 애국선열동상건립위원회 위원장이었다. 그가 마포아파트의 건설을 주도한 뒤, 세종로의 이순신 동상을 비롯해 전국 각지에 애국선열의 동상 건립을 추진했다는 사실은 논리적으로 당연한 수순 같아 보인다. 그는 누가 자신의 행위에 역사적 의미를 부여해주고 정당성을 보증해주는지 정확히 알고 있었던 것이다.

그리고 바로 이 시점에서 나는 인간 개체의 몸 안에 머무르지 않고 토건적 국가권력의 형태로 진화하기 시작했다. 그다음의 이야기는 당신도 잘 알고 있을 것이다. 나는 전국 방방곡곡에 편재하면서 지평선 너머의 소실점을 향해 질주하는 경부고속도로를 응시하기도 했고, 바둑판 같이 잘 정돈된 평야지대의 풍경을 조감하기도 했다. 또한 서울을 현대적 도시로 탈바꿈시키는 데 역량을 총동원하기도 했다. '돌격 건설'의 구호에 맞춰 마포를 떠나 한강변의 여의도와 용산으로, 그 이후엔 영동과 잠실, 과천,

---

11 마포아파트의 설계는 와세대 대학 건축과 출신으로 당시 주택공사의 건설이사를 맡고 있던 엄덕문의 주도로 1961년 8월에 완성되었다. 장동운이 주택공사에 부임한 지 3개월 만의 일이었다. 그리고 그해 10월에 본격적인 착공에 들어갔다. 모든 것이 속전속결이었다.

목동, 상계 하계로 이동하며 산을 깎아내고 땅을 파헤쳤다. 그리고 이후에는 수도권 신도시의 상공으로 이동했다. 혹시라도 나에 대해 의심을 거두지 못하는 이라면, 지금 자신이 거주하고 있는 아파트의 분양 당시 조감도를 펼쳐보기 바란다. 거기에서 어떤 시선의 존재를 감지할 수 있을 것이다. 그것이 바로 '나'다. 중심부와 주변부 그리고 열전과 냉전을 오가는 사이에, 군사적 파괴의 시선과 건축적 구성의 시선을 한 몸에 거느리며 강철처럼 단련된 변종. 그것이 바로 나다.

한강개발사업소, 건축가 김수근(가운데)과 맞은편 김현옥 서울시장의 모습, 1968. 2. 24. 서울역사박물관 제공.

여의도모형도, 1969. 5. 23. 서울역사박물관 제공.

조현정

여의도 마스터플랜: 자동차 시대의 도시와 미래주의 서사

1968년 초 서울시는 윤중제 축조(1967년 12월 착공, 1968년 6월 준공)로 확보된 여의도 일대의 나대지 개발을 위한 도시계획의 수립을 김수근이 이끄는 한국종합기술개발공사(KECC; 현 (주)한국종합기술)에 의뢰했다. 그 초안이 1968년 8월 KECC 도시계획부 소속 젊은 건축가 윤승중, 박성규, 김규오, 김원, 김석철, 김환, 김문규와 모델 제작자 기흥성에 의해 완성되었고, 이듬해 1969년 5월 공식 보고서 「여의도 및 한강연안개발계획」(이하 「여의도 마스터플랜」)이 제출되었다.[1]

　이 보고서는 서울 도심 기능 다핵화를 위해 국회의사당을 비롯해, 시청과 대법원, 외국 공관 등 주요 정부시설을 여의도로 이전하고, 기능주의 토지 이용과 입체적 공간 이용에 근거해 고층 상업 지구와 현대식 주거단지, 속도에 따른 위계적 도로망을 건설하는 내용을 골자로 한다. 이 작업은 단순히 여의도 지역의 개발에 국한된 것이 아니라 여의도를 경인 축선을 잇는 선형도시의 중심으로 발전시킨다는 서울시 마스터플랜, 나아가 수도권 성장 구상의 큰 밑그림 속에서 진행되었다. 도로축을 따라 도시가 성장하는 선형도시안은 동심원적 확산에 기반을 둔 「서울도시기본계

1　서울특별시 한강건설사업소, 『여의도 및 한강연안개발계획』(서울특별시 한강건설사업소, 1969).

여의도 마스터플랜, 1969.

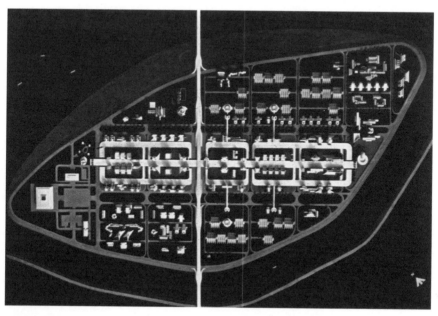

여의도 마스터플랜, 1969.

획」(1966)과 전면 배치되는 획기적인 구상이다.

그러나 이 야심찬 도시계획은 외부조건에 의해 좌절된 비운의 이상
도시로 남게 되었다. 실제로 김수근 팀의 초기 구상은 이후 정치적이고 경
제적인 이유들로 인해 대폭 수정되어 현재 여의도와는 무관한 것이 되었
기 때문이다.[2] 특히 1970년 10월, 여의도 중심부에 폭 300미터, 길이 1.2킬
로미터 크기의 광장을 만들라는 청와대의 요구는 원안의 유토피아적 시
도가 좌절된 주요 원인으로 지적된다. 5·16 광장이라는 이름을 갖게 된 초
대형 광장이 중심부에 들어서면서 원래 계획되었던 동서축에 기반을 둔
기본 골격이 무너졌고, 이에 디자인 전반의 유기적 구성이 훼손되었다. 북
한의 창광거리처럼 군사 행진이나 각종 국민동원 행사가 가능하도록 기
획된 5·16 광장의 존재는 여의도를 박정희 정권의 대표적 프로파간다이
자 냉전시대의 공간적 체현으로 설명하는 내러티브를 제공했다. 이러한
정치적인 요인 외에도, 서울시는 강남개발의 본격화와 경부고속도로의
개통으로 인해 그 중요성이 감소된 경인축 위의 여의도를 단순히 부족한
시 재정을 충당하는 자금 공급원으로 접근했다. 이후 박병주에 의한 여의
도 계획 최종안은 서울시의 요구에 따라 토지 매각이 용이하게끔 김수근
팀의 원안을 전면 수정했다. 이에 1971년 제출된 최종안은 기존의 가로체
계만 유지한 채, 원안의 보행자 인공데크 같은 획기적인 디자인을 경제성
과 현실성의 이유로 제외하고, 입체적인 공간 이용 대신 기존의 평면적 토
지 이용을 도입했다.[3]

이런 맥락에서 「여의도 마스터플랜」은 정치권력의 갑작스럽고 자의
적인 결정과 당국의 영리추구로 인해 왜곡되고, 결국 실패에 이른 안타까
운 건축적 사건으로 간주되곤 한다. 이러한 접근은 「여의도 마스터플랜」
뿐 아니라 1960-70년대의 한국의 여러 건축적 사건을 이해하는 주요 방
식일 수 있다. 이 방식은, 최소한 여의도의 경우에 있어서, 마치 순수한 유
토피아적 건축실험이 외부 힘에 의해 오염되고 변질되었다는 가정을 내
포한다. 이 글의 목표는 「여의도 마스터플랜」에 내포된 새로운 도시와 건

2 여의도를 실패한 도시계획으로 비판한 강홍빈의 1984년 글은 이후 「여의도 마스
터플랜」을 퇴색한 유토피아로 보는 내러티브의 출발점이 되었다. (강홍빈, 「실패한 도
시계획의 전형, 여의도」, 『신동아』(1984년 10월), 422-432쪽 참고).
3 서울특별시 한강건설사업소, 「여의도 종합개발계획」(서울특별시 한강건설사업
소, 1971).

축에 대한 꿈을 확인하고 복구하는 것이다. 그러나 이는 결코 정치적 경제적 논리에 의해 훼손되기 이전의 순수한 건축 실험으로서 김수근 팀의 디자인을 논의하려는 것은 아니다. 이 글은 1960년대 후반의 특수한 역사적 상황과 도시적 조건 속에서 생산된 건축가들의 미래에 대한 비전과 열망을 그 시대적 조건과 제약 속에서 이해하려는 시도이다.

「여의도 마스터플랜」대 「도쿄계획」

「여의도 마스터플랜」은 1960년대 한국 건축이 국제적 동시대성 속에서 작동함을 보여주는 대표적 예이다. 선형도시안을 비롯해 CIAM(국제근대건축회의, Congrès Internationaux d'Architecture Moderne)식 조닝 시스템, 입체적 공간 이용, 속도에 따른 위계적인 도로체계 등은 외국에서 널리 유행한 최신의 건축·도시이론의 영향을 받아 구체화되었다. 특히 일본 건축가 단게 겐조(丹下健三)의 「도쿄계획-1960: 그 구조개혁의 제안(東京計画-1960:その構造改革の提案)」(이하「도쿄계획」)은 종종 김수근 팀의 디자인에 결정적인 영향을 끼친 외국의 사례로 논의된다.[4]

1961년 발표된 「도쿄계획」은 도쿄의 무질서한 팽창과 혼란을 극복하기 위해, 1) 선형도시 2) 도시, 건축, 교통을 통합하는 유기적 단위 3) 유동성을 극대화할 열린 공간 구조, 이 세 원칙을 바탕으로 도쿄 만 위에 인구 500만 명을 수용할 거대한 인공토지를 구축한다는 야심찬 구상이다. 바다를 가로질러 하루미와 지바를 연결하는 중심축은 속도의 위계에 따라 입체적으로 구분된 루프형 도로망과 결합되며, 이 도로축을 따라 역과 공항, 행정 및 사무 지구가 들어선다. 그리고 이 중심축선과 직교하여 나란히 뻗은 여러 가지들을 따라 A자형 거대 주거 단지가 들어선다.

강력한 축선을 도입한 수중도시라는 형태적 유사성에 더해, 「여의도 마스터플랜」과 「도쿄계획」에 루프형 도로망과 A자형 주거가 공통적으로 등장한다는 사실은, 단순한 영향 관계를 넘어 전자를 후자의 모방이자 아류로 보게끔 한다. 실제로 일본 유학파인 김수근이 도쿄대학 시절 존경

---

4 丹下健三, 「東京計画-1960:その構造改革の提案」, 『新建築』(1961년 3월), 79-120쪽.

했던 단계의 작업을 참조했음을 짐작하는 것은 어려운 일이 아니다. 비록 단계 연구실이 아니라 도시계획가 다카야마 에이카(高山英華)의 연구실에서 수학했지만, 김수근은 일본 건축계를 떠들썩하게 한 「도쿄계획」을 잘 알고 있었다. 그뿐만 아니라 김수근과 함께 남산에 걸립될 예정이었던 국회의사당 공모(1959)에 참여한 강병기는 구로가와 기쇼(黒川紀章), 이소자키 아라타(磯崎新) 등 일본을 대표하는 젊은 건축가들과 함께 실제로 「도쿄계획」에 직접 참여한 단계 연구실의 핵심 멤버이기도 했다.

그러나 「도쿄계획」과 「여의도 마스터플랜」간의 외형적 유사성을 과도하게 강조하는 것은, 김수근이 일본 건축뿐 아니라 국제 건축계의 다양한 흐름에 노출되어 있었다는 점을 간과하게 할 뿐 아니라, 보다 중요하게는 양자의 차이점에 대한 엄밀한 비교분석에 걸림돌로 작용한다. 두 작업의 유사성을 지적할 때 빠지지 않고 등장하는 루프형 도로망만 비교해 보더라도 김수근 팀이 전적으로 「도쿄계획」을 참조하지 않았음을 보여준다. 「도쿄계획」의 루프형 도로망이 속도에 따라 멀티 레벨로 분리된 자동차 도로라면, 여의도에서는 보행자만을 위한 싱글 레벨의 구조물이다. 또한 「도쿄계획」의 루프형 도로망이 도심축과 일체를 이루며 도쿄 만을 넘어 무한히 확장하도록 설계된 것에 반해, 「여의도 마스터플랜」에서는 여의도에 한정된 상업지구축으로 여의도를 서울 도심과 인천과 연결시키는 남북도로축과는 별개이다.

단계와 김수근의 디자인의 외형적 유사성에 대한 일대일 비교보다 더욱 중요한 것은 두 작업이 공유하는 기술관료적(technocratic) 태도이다. 두 작업 모두 인구 증가와 도시 팽창, 교통난 등 현재 도시가 당면한 문제를 해결하고 사회 변동에 효율적으로 적응하기 위해서 위로부터의 도시개조를 꾀한다. 과도한 미래주의적 시각성이나 과시적 스케일에 의해 가려지긴 했지만, 「여의도 마스터플랜」과 「도쿄계획」의 핵심은 유동성과 이동성을 극대화할 수 있는 유기적이고 통합적인 도시기반시설(infrastructure) 구축에 있다. 유동성과 이동성은 이미 동시대 서구 건축가들이 건축과 도시계획의 중요한 화두로 제기한 바 있다. 1956

도쿄계획, 1961, 아키오 가와스미(Akio Kawasumi) 사진.

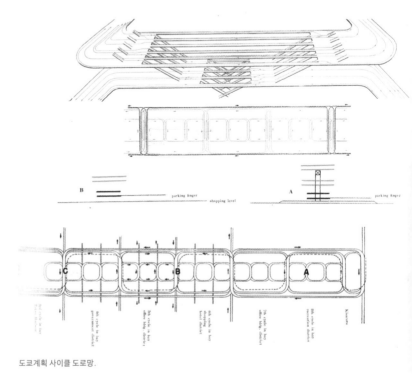

도쿄계획 사이클 도로망.

년 CIAM에서 팀텐(Team 10)의 젊은 건축가들이 이동성과 유연성, 성장과 변화 등의 개념을 경직된 모더니즘을 극복할 대안으로 제시한 이래, 모빌리티는 건축의 주요 의제였다. 이 회의에서 요나 프리드만은 모바일 건축(mobile architecture) 선언문을 팸플릿 형식으로 발표했고, 곧이어 GEAM(Groupe d'études de architecture mobile)을 결성하며 이동성에 대한 관심을 촉구했다. 그러나 일본과 한국 건축계에도 실시간으로 소개된 팀텐과 프리드만의 이론은 단게와 김수근이 강조한 이동성과는 분명 온도 차가 있었다. 서구 건축가들에게 이동성이 개인의 자유, 자발성, 다양성의 증진이라는 시민사회의 이상과 닿아 있었다면, 동아시아 건축가들에게는 사람과 물류, 정보의 흐름을 극대화할 수 있는 유기적인 국토개발과 관계된 것이었다.

여의도, 자동차 도시(automative city)를 위한 구상

「여의도 마스터플랜」은 도시문제의 근본 원인을 도시의 시간체계인 교통과 공간체계인 도시 형태 사이의 부조화에서 찾고, 이를 극복하기 위해 "도시의 시공간 구조에 대한 연구"를 토대로 "새로운 도시성(urbanity)을 창조"한다는 목표를 분명히 밝혔다.[5] 새로운 "도시성"의 창조는 자동차 시대에 적응할 수 있는 새로운 도시기반시설을 구축하는 과제로 수렴한다. 전체 보고서 중 가장 정교하고 야심차게 작성된 교통계획에 관한 장은 인구 통계와 국민총생산 규모 등 구체적인 수치를 토대로 20년 후인 1986년까지의 자동차 증가율을 예측하고, 이를 소화할 수 있는 도로 및 교량 건설을 단계적으로 제안한다. 소득수준이 전국 평균보다 네 배가량 높을 것으로 예측되는 여의도는 이에 비례해 전국 평균보다 약 네 배의 자동차 보유율이 전망되므로 앞으로 도래할 자동차 도시를 실험할 수 있는 최적의 모델로 여겨졌다.[6]

자동차 시대에 대한 논의는 1950-60년대 북미와 서유럽을 중심으로 자동차의 대량생산과 대량소비가 가능해지면서 본격화되었다. 자동차 시대는 전례 없는 수준의 이동성을 충족시키고 촉진할 수 있는 도로망 구

---

5   서울특별시 한강건설사업소, 『여의도 및 한강연안개발계획』, 9-10쪽.
6   같은 책, 53-56쪽.

축을 비롯해 도시 구조의 근본적인 재조직화을 요구한다. 건축 이론가 레이너 밴험(Reyner Banham)은 유럽의 전통적인 가로체계와는 전혀 다른 로스앤젤레스의 입체적인 고속도로망에서 "이동성이 기념비성보다 우선시되는(mobility outweighs monumentality)" 자동차 시대의 새로운 유형의 도시를 예견했다.[7] 자동차를 위한 광대한 도로망의 필요성과 구체적인 도로계획은 주로 교통관료와 공학자들에서 의해 활발하게 지적되었다. 영국의 도시계획자 콜린 뷰캐넌(Colin Buchanan)이 발표한 보고서 『도시 내 교통(*Traffic in Towns*)』은 자동차가 주요 수송수단이 될 사회의 교통문제와 도로정책, 도시환경에 대한 포괄적인 논의를 담고 있다.[8] 이 보고서의 중요성은 자동차 시대를 수동적으로 받아들이는 것이 아니라, 각종 교통사고, 공해, 교통체증 등 자동차의 폐해로부터 보행자의 권익을 보호하고 도시환경을 개선하기 위해 적극적으로 자동차화로의 변화에 개입하는 데 있다. 뷰캐넌 보고서는 자동차 시대에 적응할 수 있는 도시 디자인을 모색하던 건축가와 도시계획가, 행정가에게 큰 영향을 끼치며 세계적인 베스트셀러가 되었는데, 윤승중은 이 책이 「여의도 마스터플랜」의 중요한 참고자료였다고 밝힌 바 있다.[9]

자동차 시대는 1960년대 중반 이후 한국 건축계에서도 중요한 이슈로 떠올랐다. 1967년 10월, 대한건축가협회가 자동차 전용 고가도로 건설을 반대하며 대중교통의 확보를 주장한 성명서를 발표한 것에서 볼 수 있듯 자동차 시대로의 전환에 대한 우려의 목소리도 높았다.[10] 그럼에도 불구하고 궁극적으로는 마이카 시대가 열릴 것이라는 전망 아래 이에 적응할 수 있는 새로운 도시를 건설해야 한다는 공감대가 형성되어 있었다. 서울시 공무원으로서 여의도계획에 관여했던 손정목은 1968년 3월 발표한 「교통수단의 고속화와 국토공간의 재편성」이라는 논문에서 교통수단의 고속화, 즉 자동차화에 적응할 고속도로 건설과 메갈로폴리스(megalopolis) 구축을 통해 고도성장이라는 국가적 목표에 기여해야 한다고 주장했다.[11]

---

7   Reyner Banham, *Los Angeles: The Architecture of Four Ecologies* (London: Penguin, 1971), 4–5쪽.

8   Colin Buchanan, *Traffic in Towns* (London: Penguin, 1964).

9   전봉희, 우동선, 최원준 채록, 『윤승중 구술집』(마티, 2015), 285쪽.

10   대한건축학회, 『건축사』(1967년 10월), 44쪽.

11   손정목, 「교통수단의 고속화와 국토공간의 재편성」, 『도시문제』(1968년 3월).

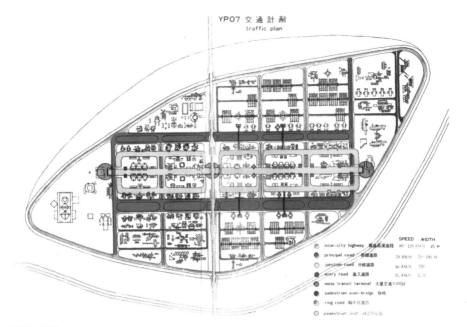

YP07 交 通 計 劃
traffic plan

		SPEED	WIDTH
⊙	inter-city highway 都通高速道路	60~120 KM/H	25 M
●	principal road 幹線道路	70 KM/H	70~100 M
○	junction road 分岐道路	40 KM/H	35M
●	entry road 進入道路	25 KM/H	12 M
●	mass transit terminal 大量交通터미널		
●	pedestrian over-bridge 陸橋		
●	ring road 輪牛경通路		
○	pedestrian land 보오무보도		

여의도 교통망.

여의도 보행자 전용고가.

133

김수근 팀을 대신해 여의도계획 최종수정안을 책임진 박병주도 『공간』에 발표한 「자동차 시대의 도시계획」이라는 글에서 자동차를 키워드로 한 도시계획의 새로운 방향을 모색했다.[12]

이러한 맥락에서 작성된 「여의도 마스터플랜」은 차량의 흐름을 중단 없이 원활하게 하는 한편, 자동차의 가장 큰 장점인 접근성을 최대화해 도어 투 도어(door to door)로 원하는 곳까지 바로 연결될 수 있게 하는 데 방점을 두었다. 이를 위해 도로시스템을 관통고속도로(80-120km/h), 간선도로(50-60km/h), 분지도로(50-60km/h), 진입도로(20-30km/h)로 속도에 따라 4단계로 구분했다. 여의도를 남북으로 잇는 관통도로는 고가고속도로로 올려 당시 막 개통된 경인고속도로(1968년 12월 준공)와 연결시켰다. 이는 여의도를 경인 지역을 연결하는 메갈로폴리스의 중심지역으로 활용하려는 큰 그림에서 나온 것이다. 여러 개의 대도시가 군(群)을 이루며 연결되는 메갈로폴리스는 도로축을 따라 성장하는 선형 도시의 귀결로서 당시 경인·경부고속도로의 개통과 함께 메트로폴리스를 대체할 새로운 도시 형태로 주목받았다.

「여의도 마스터플랜」은 자동차의 중단 없는 흐름뿐 아니라, 자동차와 보행자 간의 새로운 인터페이스 양상에도 주목했다. 손정목은 김수근 팀과의 미팅에서 자동차로부터 보행자의 권익을 보호한다는 취지로 여의도 중심부를 보행자 전용으로 확보하고 자동차 진입을 전면 금지하는 제안을 했다.[13] 이에 건축가들은 보행자 전용 공중데크를 세워 보행자를 자동차의 위협으로부터 보호하는 동시에 시민들을 상업시설과 긴밀히 연결시키는 획기적인 디자인으로 응수했다. 보행자 전용 공중데크는 스미슨 부부(Alison and Peter Smithson)의 베를린 도시계획(1957)이나 김수근 팀의 이전 작업인 세운상가(1966-67)에서 그 선례를 찾을 수 있다. 여의도의 동서축을 잇는 상업 지구에 건설된 7미터 높이의 보행자 전용 공중데크는 바로 그 아래 위치한 지상 주차장과 대중교통 정거장에서 엘리베이터와 에스컬레이터로 연결되도록 설계되었다. 보행자전용 공중데크는 자동차 전용 고가도로가 서울 곳곳에 건설되기 시작한 당시 도시

---

12 박병주, 「자동차 시대의 도시계획」, 『공간』(1970년 1월), 66-69쪽.

13 전봉희, 우동선, 최원준 채록, 『윤승중 구술집』, 286-287쪽.

14 제인 제이콥스, 『미국 대도시의 죽음과 삶』, 유강은 옮김(그린비, 2010).

개발의 현실과 대립각을 이루며 건축가들의 대안적 미래상을 보여주는 대표 장치로 강조되었다.

당시, 자동차 시대의 보행자 권리는 제인 제이콥스(Jane Jacobs) 같은 진보적인 논객들에 의해 활발하게 제기되었다. 제이콥스는『미국 대도시의 죽음과 삶』에서 로버트 모세스(Robert Moses)가 주도한 뉴욕 재개발을 비판하며, 자동차 위주로 설계된 관료주의 도시계획이 근린주구의 활력과 커뮤니티의 건강한 다양성을 저해하고 도시의 유기적 생태계에 해악이 된다고 지적했다.[14] 그러나 여의도의 공중데크는 시민들의 우연한 만남과 다양성을 보장하는 전통적인 가로체계에 기반을 둔 제이콥스식의 주장과는 성격이 다르다. 제이콥스의 관점에서는 공중에 띄운 보행자 전용데크는 자동차의 원활한 운행에 보행자가 방해가 되지 않도록 양자를 분리시키는, 궁극적으로는 자동차를 위한 구조물로 여겨질 수도 있다. 그러나 김수근 팀의 건축가들은 전통적인 도시 형태로 후퇴하는 대신, 자동차 도시로의 전면적인 변화를 인정하면서 그 안에서 보행자 권익과 도심 활성화를 적극적으로 고려했다. 이런 의미에서 여의도 공중데크는 제이콥스보다는 자동차 시대에 대한 관료적 해법인 뷰캐넌 보고서와 유사성을 갖는다. 뷰캐넌 보고서에서 논의된 보행자 전용 상업지구나 교통 효율성을 고려한 건물 진입로를 갖는 미래주의적 메가스트럭처가 여의도의 보행자를 위한 인공토지 디자인에 중요한 모델이 되었음을 짐작할 수 있다.

자동차, 고속도로, 박정희 시대의 미래주의 서사
그 실현 여부와 무관하게 교통수단의 고속화에 적응할 수 있는 자동차 시대의 새로운 도시성을 제안한 건축가들의 야심과 획기적인 실험은 높이 평가되어야 한다. 그러나 「여의도 마스터플랜」은 경제성장과 국토개발의 관점에서 작성된 관료주도 도시개발의 청사진이다.[15] 여기서 제안된 자동차 시대는 당연한 미래도, 당위

15 김수근 팀은 1967년 출판된 미국의 저명한 미래학자 허먼 칸(Herman Kahn)의 베스트셀러『서기 2000(The Year 2000)』을 인용하며 보고서 2부에 해당하는 한강의 서기 2000년을 구상했다. 허먼 칸은 박정희 정권의 경제개발5개년계획의 자문을 담당한 바 있는 대표적인 미래학자이다[서울특별시 한강건설사업소,『여의도 및 한강 연안개발계획』(서울: 한강건설사업소, 1969), 211쪽].

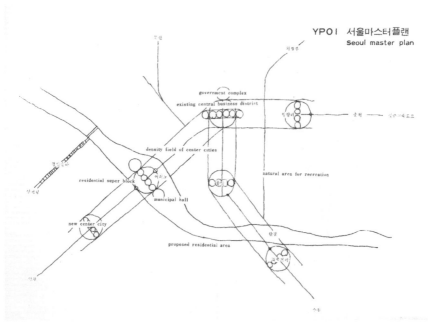

경인 메갈로폴리스의 중심도시로서의 여의도.

콜린 뷰캐넌(Colin Buchanan), 『도시 내 교통(*Traffic in Towns*)』에 수록된 삽화, 자동차 운전자의 시점에서 그린 보행자용 공중데크.

의 미래도 아닌, 자동차 산업에 대한 국가의 전략적이 육성의 결과이자 국
토생산성 극대화를 위한 도로개발의 성과로 등장할 특정한 미래이다.

1960년대 후반 한국 사회에서 자동차는 단순한 교통수단이 아니라,
국가주도 근대화의 성과를 대표하는 표상이었다. 1963년부터 정부의 자
동차 육성정책이 시작되었고, 자동차화를 수용하고 촉진할 도로 건설이
박정희 정권의 최대 숙원사업으로 진행되었다. 특히 고속도로 건설은 그
자체로 정권의 이데올로기이자 경제성장의 신화로 기능했다. 1966년 현
대 자동차가 미국 포드사와의 기술제휴를 토대로 울산에 대규모 자동차
공장을 건설한 데 이어, 1968년부터는 현대 승용차 코티나가 시판되어 신
진의 코로나와 아세아의 피아트와 함께 "마이카 시대"의 도래를 알렸다.
경인·경부고속도로의 개통을 전후해 등장한 자동차 시대에 대한 꿈은 성
공적인 근대화와 풍요로운 미래를 상징하는 이미지로 유행했다. 미디어
에서는 "마이카 시대도 불원", "다가선 꿈의 문턱, 마이카 시대"같은 표제
아래 대량생산되는 자동차가 가져올 새로운 문화와 소비혁명에 대한 장
밋빛 낙관론을 퍼뜨렸다.[16] 여의도 일대의 강변 도로는 "경쾌한 스피드를
타고 마이카족의 아베크 취미가 번지르르"한 "드라이브의 낙원"으로 묘
사되기도 했다.[17]

그러나 여기서 주목해야 할 점은 아직 본격적인 자동차 시대가 도래
하지 않았다는 것이다. 1960년대 후반 한국의 자동차 생산량은 무시할 만
한 수준이었고, 1968년 전국의 자동차 보유대수는 7만 대가 채 되지 않았
다. 경부고속도로가 개통된 직후인 1970년 서울시내 평균속도는 20킬로
에 불과했고 고속도로 이용 차량은 하루 9,000대 정도였다. 마이카 시대
는 미래 시제 속에서만 가능한 꿈같은 시나리오였다. 역사학자 유선영은
박정희 시대를 이해하기 위해 민족주의와 반공주의와 더불어 미래주의
라는 개념을 추가했다.[18] "잘살아보세."로 요약되는 장밋빛 미래에 대한 희
망은 조국근대화라는 국가적 목표를 위해 전근대적인 과거를 부정하고
현재의 희생을 감내할 것을 강요하는 박정희 정권의 중요한 통치수단이

---

16 "마이카 시대도 불원", 『경향신문』(1967년 3월 27일 자); "다가선 꿈의 문턱, 마이
카 시대", 『매일경제』(1968년 9월 24일 자).

17 "서울-새풍속도(7)", 『경향신문』(1970년 10월 30일 자).

18 유선영, 「경부고속도로: 미래주의 서사의 '플래시 포워드 효과'」, 『고속도로의 인문
학』(한국도로공사, 2010), 363~382쪽.

라는 주장이다.

전통적으로 미래에 대한 상상은 사회주의 유토피아를 꿈꾼 급진적 지식인들의 전유물이었다. 그러나 1960년대 들어 전 세계적으로 정부와 대기업 출연의 싱크탱크가 각종 정책 입안 및 기업 경영, 군사전략 수립을 위해 미래 예측에 적극 뛰어들면서 소위 "부르주아 미래학(Bourgeois Futurology)"이 유행하게 된다.[19] 부르주아 미래학은 인간 해방이나 자유, 평등 같은 당위의 미래를 꿈꾸기보다는 각종 통계자료를 기반으로 현재의 추세가 큰 변동 없이 계속된다는 가정 아래 예측 가능한 미래 시나리오를 작성한다. 따라서 현실의 모순을 비판하고 나아가 궁극적으로는 체제 전복을 지향하는 급진적 유토피아주의와는 달리, 현질서의 연장으로서의 미래를 경영하고 통제하려는 현상유지적인 면을 갖는다. 「여의도 마스터플랜」도 박정희 시대의 대표적인 발전주의 미래 전략인 경제개발 5개년계획과 연동해 5년 단위로 20년 후의 개발 전략을 상정한 국토개발 계획이라는 점에서 관료주의적 미래학의 산물로 볼 수 있다.

김수근의 정치적 입장을 규명하기 위해서는 그가 집권 정권과 긴밀히 연결된 기술용역회사인 KECC를 떠난 이후에 어떤 행보를 보였는지에 주목할 필요가 있다. 흥미롭게도 김수근은 「여의도 마스터플랜」을 마지막으로 신변상의 이유로 KECC를 떠났다. 곧이어 KECC 도시계획부 전(前) 멤버들과 함께 인간환경계획연구소를 설립하고, 1970년 오사카에서 개최될 만국박람회 한국관 준비에 전격 착수했다. 인간환경계획연구소의 주된 활동은 한국관의 미래실 전시를 위해 건축뿐 아니라, 인문학, 사회과학, 문화예술, 과학기술 등 각 분야의 전문가들을 초빙해 일련의 미래학 세미나를 개최하는 것이었다. 간학제적 성격의 미래학 세미나에서는 발전주의 전략보다는 정보화 사회의 도래에 따른 인간 해방의 가능성과 자유, 여가, 소통 등 다양한 인간주의적 가치들이 논의되었다. 미래학 세미나의 개회사에서 김수근은 "무책임한 건축가와 자유로운 예술가가 함께 미래를 디자인"하기를 당부했다.[20] "무책임"과 "자유"에 대한 언급에

19 Andrew Ross, *Strange Weather: Culture, Science, and Technology in the Age of Limits* (New York: Verso, 1991), 169–192쪽.
20 인간환경계획연구소, 『Expo '70 한국관 미래전시실 전시설계 종합보고서』 부록 2(1970), SE-1-10.

서 관료적 미래주의를 탈피해 건축적 유토피아로 향하고자 하는 건축가의 절실한 희구를 읽을 수는 없을까. 이를 논의하기 위해서는 「여의도 마스터플랜」에 참여했던 김수근 팀의 건축가들이 그대로 투입되어 한국의 미래상을 전시했던 1970년 오사카 만국박람회 한국관에 대한 추가적인 연구가 필요하다.

건축도시 여정

아키토피아의 실험

아키토피아의
실험

Experiment of
Architopia

출판문화정보산업단지 건설사업추진단의 현장 답사, 1995년
9월 8일, 파주출판문화정보산업단지 사업협동조합 제공.

정기 이사회, 2000년 1월 25일, 파주출판문화정보산업단지
사업협동조합 제공.

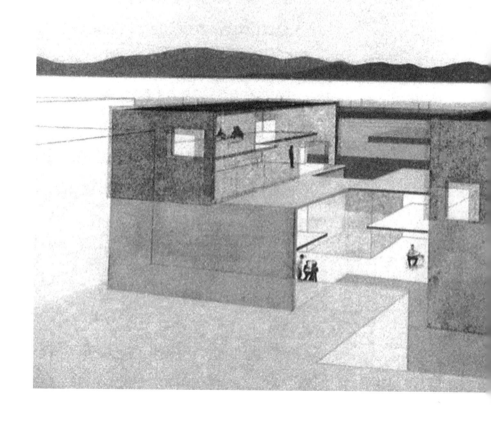

플로리안 베이겔&필립 크리스토, 아키텍처리서치유니트
(Florian Beigel & Philip Christou, ARU), 파주 서가형 건물 유
형(Paju bookshelf buildings), 2000. 드로잉: 배상수, ARU.

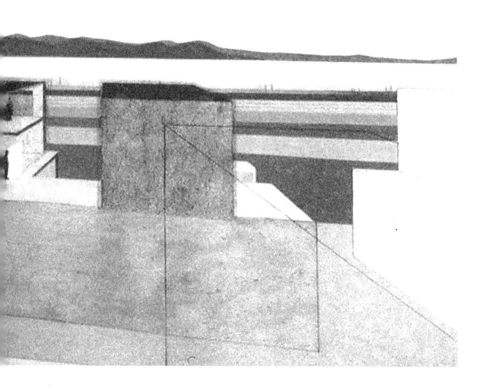

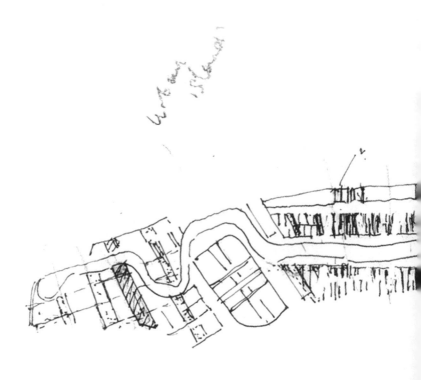

플로리안 베이겔&필립 크리스토, 아키텍처리서치유니트(Florian
Beigel & Philip Christou, ARU), 파주 랜드스케이프 쓰기(Paju
Landscape Script), 1999. 드로잉: 플로리안 베이겔.

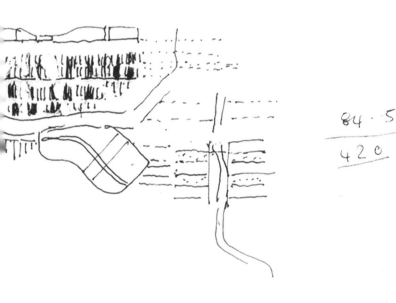

$$\frac{84 \cdot 5}{42 0}$$

김용관, 「파주출판도시의 밤」, 2015.

김종규, 김준성, 「헤이리 아트밸리 투시도」, 2001.

153

김종규, 김준성, 「헤이리 아트밸리 투시도」, 2001.

파주출판도시의
낯선 경계[1]

이것이 저것을 죽일 것이다. 책이 건축을 죽일 것이다.
Ceci tuera cela. Le livre tuera l'edifice.
—빅토르 위고, 『노트르담의 곱추』(1831)

당신이 읽을 마지막 책
—프랭크 옥든(1993)

음악, 회화, 조각, 건축, 문학 등의 다양한 예술 장르들 중에서
사회의 사상과 정치, 사유와 믿음을 가장 잘 드러내주는 것
은 무엇인가? 이 고전적이고, 고전적으로 서구적인 질문은
서구에서 전통적으로 책과 건축이 최고의 상징적 예술이라
는 지위를 두고 다투어왔음을 보여준다. 위에 발췌한 빅토르 위고의 발언
은 예술의 지위가 바뀌는 역사적 지점을 증언하고 있다. 중세 성당이 권력
과 신앙을 건축으로 응집한 결정체였다면 근대적인 출판술에 기반을 둔
책은 건축을 대신하여 최고의 매체로서의 역할을 할 것이라는 위고의 이
야기이다. 건축의 죽음을 예언했던 이 시점은 예술이 건축이라는 공공의
영역에서 이탈하여 부르주아의 사적인 주거공간과 미술관이라는 근대적
인 제도공간의 영역으로 이동하는 기점이기도 하다. 책이 건축을 죽일 것
이라는 이 증언 이후, 200년도 채 지나지 않은 시점에서 이제 "책의 죽음"
은 일상의 화제가 되어버렸다.

---

1   이 글은 『파주출판도시 컬처스케이프』(승효상 외 지음, 기문당, 2010)에 실린 것
을 재수록한 것이다.

21세기 초 우리는 서구와 마찬가지로 책과 건축의 위기를 뼈저리게 느끼고 있다. 하지만 서구와는 다른 경로를 거쳐 여기에 다다랐다. 서사를 매개하는 독립적 매체로서의 건축이 한국에 등장한 것은 매우 최근의 일이다. 한국의 건축적 전통은 매우 다른 기반에서 출발한다. 한국의 건축적 전통에서 건축은 독립된 예술 오브제가 아니라 포괄적인 의미에서 통치를 위한 랜드스케이프로 이해된다. 이러한 전통은 적어도 14세기 이전 건축을 유교적 도시관, 풍수지리의 일부로서 이해했던 시대까지 거슬러 올라간다. 20세기에 들어서기 전까지 한국에는 건축가가 따로 없었다. 귀족, 승려와 양반이 목수를 거느리면서 집을 지었다. 이들은 건축을 사회와 개인의 심신을 통치하는 랜드스케이프의 일부로 접근하였던 것이다. 이러한 맥락에서 파주출판도시는 상징 예술로서, 건축의 서구적 전통과 사회 통제의 기제로서 랜드스케이프의 전통이 새로운 모습으로 복합되어 나타났다고 할 수 있다. 파주출판도시는 바로 책과 건축의 위기가 만들어 낸 곳이다. 서울 도심에서 30킬로미터, DMZ에서 10킬로미터 떨어진 곳에 위치한 파주출판도시가 한국의 사회, 문화 그리고 경제의 변곡점에 자리 잡고 있다는 것은 전혀 놀라운 일은 아니다.

파주출판도시는 한강과 심학산 사이 160만 제곱미터에 달하는 길고 좁은 땅에 자리 잡고 있다. 출판 산업을 위한 국가산업단지로 5만 제곱미터 규모의 유통센터와 130여 개의 출판사, 57개의 인쇄·제본 업체가 들어서 있다. 책을 만들어내기 위한 산업단지이지만 좋은 도시이고자 한다. 하지만 좋은 도시가 되기에 조건이 매우 불리하다. 단지 내에는 주택이 160가구밖에 없는 상황이다. 4층 이상의 구조물을 세울 수 없는 군사보호지역이며 복합 기능을 가진 시설을 지을 수 없는 공업지역이다. 이러한 조건 속에서도 특별한 도시이기를 고집하고, 공공적인 건축을 지향하며, 공공영역에서 의미 있는 발언을 하고자 하는 파주출판도시는 한국의 지리, 정치, 경제, 도시, 문화의 갈래를 알려주는 이정표 역할을 하고 있다. 다양한 목표와 기대가 교차하는 현장으로서 파주출판도시는, 커뮤니티와 아이덴티티가 끊임없이 변하는 현대 도시 속에서 건축의 역할에 대한 실험이기도 하다.

　출판도시를 만들겠다는 첫 발상이 나왔던 1980년대 말에서 2007년 1단계가 마무리되기까지, 파주출판도시의 실현 과정은 바로 한국의 정치, 경제, 문화의 변화를 비추어주는 거울이었다. 계획도시인 파주출판도시는 개발시대 이후 한국 도시건설의 특수한 조건 속에서 이해해야 한다. 1980년대 후반 군사 독재 말기부터 최근 인터넷 정치의 시대까지, 한국의 도시 건설은 중앙정부와 대기업이 주도해왔다. 한국의 도시는 공권력의 상징이자 부동산 시장의 도구였다. 도시를 건설하는 과정에 지나치게 공공이 개입하지만, 막상 과잉 계획으로 만들어진 도시의 세부적 형태와 일상에는 공공 가치가 결여되어 있다. 관료주의와 대자본에 기반을 둔 대규모 개발 사업과 달리, 파주출판도시는 200여 개의 중소규모 출판 기업들로 구성된 민간 조합에 의해 주도되었다. 비효율적인 유통구조를 개선하겠다는 목적으로 15년 동안 출판산업혁신 클러스터가 실현될 수 있도록 정부와 공공 부처를 설득하였다. 물론 한국의 여느 개발 프로젝트와 마찬가지로 부동산의 논리가 작용했다. 따라서 파주출판도시의 형성 논리는 전형적인 상명하달식 관료주의와 자유방임적 부동산 논리의 양극단의 중간 지점에 있다고 할 수 있다. 대부분의 전략 산업단지가 정부 주도하에 설립된 것과 대조적으로 파주출판도시는 출판, 인쇄, 제본, 유통 등 다양한 산업 분야와 다양한 인맥, 이해관계, 사상을 가진 조합원들에 의해 실현되었다. 조합의 결속력은 프로페셔널리즘뿐만 아니라 한국 사회 특유의 계층의식 그리고 1980년대 민주화 운동에 근거한 공통의 역사적 경험에 근간을 두고 있다. 조합 결속력의 근간에 있는 '의리'가 투철한 만큼, 그 결속력이 쉽게 무너지지 않은 만큼, 그 연대 관계에는 많은 우여곡절이 있었다.

　파주출판도시는 두 가지 서로 다른 도시계획 방법론이 중첩되어 실현되었다. 먼저, 도시 기반시설, 토지 이용 계획, 도로 선형 그리고 필지 배분을 결정한 통상적인 마스터플랜은 토지개발공사와 서울대학교 환경계획연구소의 주도로 만들어졌다. 이 마스터플랜 위에 1998년 플로리안 베이겔, 승효상, 민현식, 김종규, 김영준이 주도한 건축과 도시 설계 지침이 덧붙여졌다. 관이 주도한 밑그림에 작가 의식이 강한 일련의 건축가 그룹이 새로운 입체를 더하면서 갈등이 야기되었다. 새로운 도시를 만들겠다는 건축가 그룹의 야심찬 포부에도 불구하고, 이미 법적 효력을 갖게 된 기존 마스터플랜의 도로나 필지구획을 변경하는 것은 거의 불가능했다. 내가 강조하고 싶은 것은 건축설계 가이드라인 자체만큼 파주출판도시의 개별 건축 프로젝트를 맡을 건축가를 선정하는 제도적 절차를 수립하겠다는 의지가 중요했다는 점이다. 출판인들에게 1차 선정된 건축가 리스트를 주고, 그 안에서 개별 건물을 설계할 건축가를 선정하도록 하였다. 이러한 절차를 통해 파주출판도시는 큐레이팅 과정을 밟았다. 즉, 파주출판도시는 한국과 세계의 최고 건축가들의 작업을 전시하는 건축 전시관이 된 것이다.

서로 다른 설계 방법과 이념이 경합하는 과정에서 당시 출판인 조합장이던 이기웅 이사장은 건축가 그룹이 주도하는 새로운 건축과 도시설계 방향으로 선회하고, 그것이 결정적 기점이 되었다. 건축가들의 제안에 동의함으로써 토지 이용을 근간으로 한 평면적인 마스터플랜과 통상적인 건축 디자인의 수준을 넘어서는 도시를 추구하게 된 것이다. 그들이 선택한 설계 지침은 건축 유형에 대한 개념과 입주자들이 함께 공유하는 공공장소의 세부 설계에 근거한 디자인 관리 시스템을 만들었다. 예를 들어, 필지와 필지 사이에 담을 설치하지 못하게 하고 서로 다른 필지가 같은 바닥 재료를 공유한다든지, 출판도시 영역 안에 있는 모든 건물에서 한강과 심학산에 대한 조망을 확보할 수 있게 한다든지, 건물에 사용하는 재료를 자연 재료로 한정하는 등의 내용이 건축 지침에 포함되어 있었다. 궁극적으로 건축 가이드라인은 건물의 설계에 관한 지침서 이상으로 새로운 종류의 문화를 만드는 것을 목표로 하였다. 이 과정에서 출판인들은 건축이 제공하는 새로운 담론의 가능성을 발견하였다. 책을 만드는 출판인들은 내러티브의 힘에 대해서 너무나 잘 알고 있었지만 건축도 그러한 힘을 갖고 있음을 새롭게 발견한 것이다.

미리 가본 파주출판문화단지

48만평 규모 출판문화 메카

출판인들의 오랜 숙원이었던 파주출판단지조성사업단지가 11월 중에 착공된다. 사진은 박영후 홍익대 교수가 그림으로 본 미래상.

공사비 1兆규모 투입 2005년 완공
아시아 출판·책유통 중추역할 기대

이/런/게/생/각/한/다

"세계적 출판요람으로 이끌 터"

이 기 웅
파주출판문화정보단지 이사장

EU 국가들로 책을 운송하는 통합유통센터의 모습.　　광대한 대초원의 책마을 벨기에 르 뷔.

日-간다 벨기에-레뷔 '책의 요람'

■외국 출판단지 어떻게 있나

89년 준비委 구성 내달 첫삽

■파주출판단지 조성 계획에서 착공까지

출판단지 시범지구에 입주하는 우리에의 기대를 명심하겠습니다

파주출판문화정보산업단지 사업협동조합

이러한 건축 가이드라인에 기반하여 출판인들은 자신의 재산권을 스스로 제한하고, 건축가들은 개인적인 디자인 성향을 제한하는 데 동의하였다. 다시 말해, 출판인들이 스스로 재산권과 자신이 고용할 건축가를 선택할 수 있는 권리를 제한하는 대신 건축가들은 건축설계 지침을 따르기로 약속했다. 이러한 내용을 골자로 건축가와 출판인들은 "위대한 계약"을 만들었다. 이 계약은 출판인 조합과 참여 건축가들이 체결한 비공식적이고 상징적인 협약이다.

위대한 계약서 ─ 파주출판도시 시범지구 건축설계 계약
우리 출판인과 건축가는 열두 해 전, 매우 미래지향적인 뜻으로 발의된 후 지속적으로 추진해왔던 파주출판도시의 도시적 목표를 존중하며, 이의 성공적인 완성을 향해 최선을 다할 것을 다짐하기 위해 여기 모였다.

우리는 우리 시대에 미만해 있는 건축에의 혐오나 출판에의 불신을 씻어내고, 이 땅에 건강한 출판문화와 건축문화를 세우는 데 최선을 다하려 한다. 다시 말해, 이 땅의 민족과 국가 앞에 숭고한 책의 가치를 드높이며 자랑스러운 우리 건축문화의 전통을 되살려, 우리의 도시가 추진-건설되는 과정이나 완공된 이후의 현장과 시설이 출판문화의 중흥과 국민교육의 마당으로 쓰이기를 희망하는 것이다.

이러한 희망을 구체화하기 위하여 우리는 다양한 건축가의 건축 방식이나 여러 입주자의 다양한 산업 형태-시설 양식이 존중되면서, 이들이 조화롭게 완성되도록 기법과 지혜를 성실히 짜낼 것이다. 즉, 건축에 있어서나 입주 기업의 사업에 있어서 공동성과 협동성의 가치를 추구하되, 개체의 특장과 가치와 이윤을 최대한 발휘케 하는 데 그 큰 뜻을 두자는 것이다.

일함에 있어서는 물자와 시간을 아끼며, 일하는 이들끼

리의 건강과 우정을 두터이 하여, 거친 건설현장과 대규모
이주에 따른 위험이나 비효율성을 최대한 줄이면서, 우리가
소망하는 바 꿈과 예절과 지혜가 넘쳐 흐르는 삶의 동네로 꾸
미려는 생각을 갖고 있다.

또한 이 도시는 생태도시로 설계되고 운영될 터이므로,
생태이념에 대한 설계자-시공자-입주자들의 연대를 필요로
하는 사업임을 다시금 상기할 필요가 있다.

이러한 일들은 수행함에 있어 우리는 다음과 같은 다섯
가지 항목을 정중히 서약하면서 설계에 임하고자 한다.

첫째, 건축가와 출판인은 신뢰를 바탕으로 서로 존중하
며, 각기 가지고 있는 좋은 생각을 허심탄회하게 교환하여
소기의 목적을 달성하는 데 최선을 다한다.

둘째, 출판도시의 바탕은 하나의 건축이다. 공동성과 개
체성이 조화를 이루지 않는 한 이 도시는 성공할 수 없다는
인식을 새로이 다짐한다.

셋째, 출판인은 이 기회를 스스로 좋은 건축주로서의 위
상을 세우는 계기를 삼는다. 참다운 건축가의 이상을 받들어
야 위대한 책의 생산 공간은 만들어질 수 있다는 신념으로 임
한다.

넷째, 건축가는 참다운 건축가로서의 소명을 생각한다.
그리하여 우리 세대의 새로운 건축이 이곳에서 역사되어야
한다.

다섯째, 설계에 따르는 비용은 합리적이고도 공정하게
산출되어, 건축가와 건축주 모두의 명예와 이익에 도움이 되
도록 한다. 다만, 그 실제의 문제를 잘 풀어가기 위해 출판인
대표와 건축가 대표는 쌍방 간의 현실을 잘 파악하여 일이 원
만하게 진행될 수 있도록 적절한 조치를 취할 것을 약속한다.

우리 모두는 역사적 소명과 시대정신의 이름 아래 이 계

약서를 '위대한 계약서' 라 칭한다. 이 '위대한 계약서' 는 출판도시의 모든 건축 행위의 기본적 계약이며 개별적 계약은 이와 더불어서만 유효하다. 이를 위하여, 출판인 대표 이기웅과 건축가 대표 승효상이 앞장서 서명하고, 모든 입주자와 건축가가 연기명으로 서약한다.

이천년 사월 이십육일 청명한 봄날 파주출판도시 인포룸에서

이것은 아무런 법적 효력을 갖지 않는 비공식적인 계약이다. 계약의 내용과 문체는 이 문건이 이념 그 자체임을 명백히 보여준다. 이 계약서는 "공동성"이 자본의 영향력을 초월한 궁극의 원칙임을 선언한다. 동시에 파주출판도시의 출판인들을 결속시키는 이러한 힘은 그 어떠한 법령보다도 명백하고 강력한 것임을 시사한다. 하지만 파주출판도시의 정치적·경제적 상황이 변하고, 파주출판도시의 2단계 사업이 영상 산업으로 확장되면서 공동체의 결속 방식 또한 변할 것이고, 이와 함께 건축도 변할 것이다. "위대한 계약"에 동의해주었던 1세대 출판인들이 파주를 떠날 때, 이 계약서에 대한 의무감이 약해질 때, 이곳에 큰 변화가 올 것이다. 파주출판도시는 어떻게 변할 것이고, 지금의 건축은 어느 방식으로 유지될 것인가? 10년도 안 되는 짧은 기간에 한꺼번에 지어진 이 건물들은 테크놀로지의 변화와 유행의 변덕에서 어떻게 살아남을 것인가?

파주출판도시만큼이나 이념과 의미로 고취된 도시는 찾아보기 어려울 것이다. "위대한 계약"에서 볼 수 있듯이 파주출판도시는 진정성의 시험장이다. 때로는 민족주의 역사의 기억을 되새기는 무대이기도 하다. 일례로 조합원들은 안중근 열사를 파주출판도시 건설의 "정신적 감리인"으로 추대하였다. 아시아출판문화센터의 입구에 안중근 열사의 흉상을 세워 출판도시의 양심을 상징하도록 한 것이다.

동시에 파주출판도시는 길고 복잡한 실현 과정에서 끊임없이 언론의 화제가 되었으며 완공된 이후에는 화려한 광고의 무대로도 등장하고 있

위대한 계약, 2000년 4월 16일, 파주출판문화정
보산업단지 사업협동조합 제공.

선한 계약, 2011년 4월 28일, 파주출판문화정보
산업단지 사업협동조합 제공.

다. 파주출판도시는 고도로 미디어화된 도시이며 미디어를 생산하는 도시이다. 의미와 이미지가 넘쳐나는 도시라는 면에서, 미디어 노출의 면에서, 파주출판도시는 성공한 것으로 보일지 모른다. 하지만 파주출판도시는 가상과 현실, 이미지의 소비와 의미의 생산 사이에서 유동적이고 불안한 경계상에 있다.

　파주출판도시는 성공인가 실패인가? 서양의 근대 도시가 자본주의와 함께 지성의 자유를 근간으로 성장했다는 사실을 상기할 때, 분명 이곳은 우리가 알고 있는 활기찬 도시가 아니다. 출판문화가 필요로 하는 지적이고 사회적인 교류가 활발한 장소가 아니라는 면에서 파주출판도시는 아직 성공했다고 볼 수 없다. 현대 도시의 가장 지적 기능인 출판이 도심의 외곽으로 "밀려난" 결과라 할 수 있다. 그렇다면 파주출판도시는 그 자체의 성패가 문제가 아니라 한국 도시 문명이 실패한 양상으로 볼 수 있을 것이다. 책이 전자 매체와 부동산의 논리에 패배한 것이다. 그러나 서구적인 도시의 규범으로 한국의 도시를 평가하는 것은 이미 부질없는 상황에서 출판도시의 성공과 실패를 가늠하는 것은 적절하지 않다. 그 발상과 과정, 결과에 동의하든 안 하든, 이것이 전혀 새로운 프로젝트이고, 이곳은 대단히 낯선 장소라는 점을 받아들여야 한다. 파주출판도시는 자연, 도시, 건축과 그곳에서 생산되는 책이 새로운 방식으로 서로 엮여 완성되어가는 열린 랜드스케이프다.

　파주출판도시에는 책과 건축, 인간의 의지만큼이나 큰 힘이 작용하고 있다. 가장 큰 힘은 그곳의 산과 강이 이루는 아름다운 자연이다. 이 도시의 가장 근본적인 기반이다. 이 아름다운 자연 속에는 문명사의 갈등이 함께하고 있다. 냉전 시대의 마지막 분계선 DMZ에 걸쳐 있는 파주출판도시는 남과 북의 경계, 전략적이고 상징적인 교차로에 위치하고 있다. 또한 주변에 고밀도의 상업 지역과, 거주 지역이 지속적으로 들어서면서, 파주출판도시는 그 구체적인 모습을 예측할 수 없는 새로운 사회, 정치, 경제의 실험장이 될 것이다. 남한과 북한 사이의 장벽이 열리게 되면 파주출판도시의 경계 또한 급격하게 변화할 것이다. 하지만 그 미래의 모습은 구체적으로 예측할 수 없는 미지의 것이다.

　파주출판도시를 만들어냈고, 이 도시가 만들어내는 자연, 책, 건축 그리고 무엇보다도 세상을 변화시키는 인간의 실천의지, 이 모든 것이 현재 위기 상황인 것이다. "위기"라 함은 필연적인 퇴보를 뜻하는 것이 아니다. 지금의 여러 생각과 실천 양식들이 앞으로 전혀 예상할 수 없는 방향으로 변할 것이라는 뜻이다. "위기의 풍경"은 제자리가 무엇인지 불분명한 형상과 사물로 구성된다. 책 속의 말과 뜻이 독자들을 피해가듯, 거주자들은 길을 잃고 헤매기도 한다. 이곳에서 어떤 고정된 진리를 찾으려고 해서는 안 된다. 알랭 바디우(Alain Badiou)의 말처럼 진리가 실천을 통해서 그 가능성이 열린다면 실천의지의 집결체인 이 도시에 주목해야 한다. 우리가 파주출판도시에 관심을 가지는 이유는, 이곳이 건축과 도시에 대한 어떤 고정된 잣대를 제공해서가 아니라 앞으로의 변화 가능성 때문이다. 파주출판도시가 어떤 곳인지를 잘 알게 되는 순간, 그곳이 어떤 곳으로 변할지 예측할 수 있는 순간이 바로 출판도시가 의미를 잃어버리는 순간이다. 파주출판도시는 랜드스케이프, 책, 건축 그리고 그것들을 만들고 사용하는 사람들의 불안정한 여정이 드러나는 곳이다. 비판적 성찰에 열려 있는 본질적인 주제이자 낯선 장소이다.

파주출판도시에서의 광고 촬영 장면, 2008. 배형민 사진.

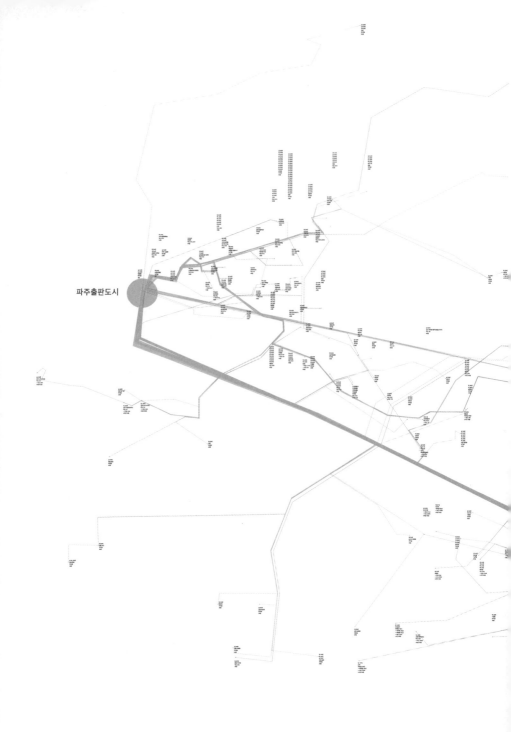

파주출판도시

의정부

합정역

1	여, 37세	신도림역(2호선) → 합정역(6호선) → 셔틀버스
2	여, 50세	대흥역(6호선) → 합정역(6호선) → 셔틀버스
3	여, 46세	약수역(6호선) → 합정역(6호선) → 셔틀버스
4	여, 30대	노원구 상계동(통근버스)
5	남, 70세	동대문구 제기동 (승용차)
6	여, 43세	양천구 신월동(버스 602)
7	남, 31세	홍대입구역(2호선) → 합정역(2호선, 버스2200)
8	여, 43세	경기도 파주시 목동동 교하월드메르디앙 (마을버스 73번)
9	남, 51세	은평구 갈현동(승용차)
10	여, 57세	경기도 파주시 광탄면(승용차)
11	여, 35세	마포구 합정동(버스 2200)
12	여, 36세	마포구 합정동(버스 2200)
13	여, 36세	경기도 파주시 운정신도시(마을버스 087)
14	여, 36세	홍대입구역(2호선) → 합정역(2호선, 버스2200)
15	남, 46세	마포구 합정동(버스 2200)
16	여, 49세	경기도 고양시 일산서구 대화동(승용차)
17	남, 44세	합정역(2호선, 버스2200)
18	남, 44세	마포구 합정동(버스 2200)
19	여, 41세	경기도 파주시 운정신도시(승용차)
20	여, 43세	(승용차)
21	여, 44세	마포구 합정동(버스 2200)
22	여, 31세	마두역(3호선, 버스 200)
23	여, 37세	경기 고양구 덕양구 대장동(승용차)
24	여, 36세	(승용차)
25	여, 43세	경기도 파주시 운정신도시(승용차)
26	여, 26세	마포구 합정동(버스 2200)
27	여, 29세	마포구 합정동(버스 2200)
28	여, 23세	영등포구 영등포동(버스 5714) → 마포구 합정동(버스 2200)
29	여, 32세	연신내역(3호선) → 대화역(3호선)
30	남, 57세	마포구 합정동(버스 2200)
31	여, 44세	경기도 파주시 동패동(마을버스)
32	여, 22세	금촌역(경의중앙선)
33	여, 27세	경기도 고양시 일산동구 백석동(승용차)
34	여, 27세	경기도 고양시 일산서구 대화동(승용차)
35	여, 27세	경기도 고양시 일산서구 대화동(승용차)
36	여, 29세	경기도 파주시 금촌2동(버스 078)
37	여, 44세	마포구 공덕동(승용차)
38	남, 31세	인천광역시 부평구 갈산동(승용차)
39	남, 46세	인천광역시 청라국제도시(승용차)
40	남, 55세	경기도 파주시 운정신도시(승용차)
41	남, 43세	경기도 파주시 운정신도시(승용차)
42	여, 42세	도봉구 창동(승용차)
43	여, 38세	인천광역시 서구(승용차)
44	여, 40세	마포구 합정동(버스 2200)
45	여, 42세	경기도 파주시 운정신도시(승용차)
46	남, 46세	경기도 고양시 덕양구 행신동(승용차)
47	여, 32세	광흥창역(6호선) → 합정역(6호선, 버스 2200)
48	남, 51세	경기도 고양시 일산동구 정발산동(승용차)
49	여, 42세	경기도 파주시 운정신도시(승용차)
50	여, 43세	경기도 파주시 교하동(승용차)
51	여, 46세	마포구 망원동(승용차)
52	여, 36세	경기도 파주시 교하동(승용차)
53	남, 36세	경기도 고양시 일산동구 풍동(승용차)
54	여, 33세	마포구 합정동(버스 2200)
55	여, 30세	경기도 파주시 금촌동(승용차)
56	여, 35세	경기도 파주시 운정신도시(승용차)
57	여, 45세	경기도 파주시 교하동(버스 078)
58	여, 28세	마포구 합정동(버스 2200)
59	여, 20세	경기도 파주시 교하동(승용차)
60	남, 52세	은평구 응암동(승용차)
61	여, 24세	교하 트리플 메디컬타운(승용차)
62	여, 37세	경기도 파주시 운정신도시(승용차)(승용차)
63	남, 39세	경기도 파주시 운정신도시(승용차)
64	남, 31세	은평구 연신내(승용차)
65	여, 42세	경기도 부천시 오정구 작동(승용차)
66	여, 29세	경기도 파주시 교하동(승용차)
67	남, 55세	마포구 합정동(승용차)
68	남, 38세	경기도 파주시 금촌동(승용차)
69	남, 41세	은평구 진관동(승용차)
70	여, 33세	경기도 고양시 일산서구 탄현동(승용차)
71	남, 28세	마포구 합정동(버스 2200)
72	남, 32세	마포구 합정동(버스 2200)
73	남, 31세	마포구 합정동(버스 2200)
74	여, 28세	경기도 고양시 일산서구 대화동(승용차)
75	여, 38세	강동구 천호동(승용차)
76	여, 46세	서대문구 홍제동(버스 153)
77	여, 30세	마포구 합정동(파주 셔틀버스)
78	남, 30세	공덕역(6호선) → 합정역(6호선, 출판단지셔틀버스)
79	남, 31세	경기도 김포시 장기동(버스)
80	여, 41세	경기도 파주시 문발동(마을버스 078, 087)
81	남, 31세	마포구 합정동(버스 2200)
82	남, 27세	소사역(1호선) → 합정역(2호선, 버스 2200)
83	남, 39세	동작구 신대방(승용차)
84	남, 33세	마포구 합정동(승용차)
85	여, 37세	경기도 고양시 일산동구 정발산동(버스 200 / 승용차)
86	남, 38세	용산구 이태원동(버스)
87	남, 38세	서대문구 연희동(버스 110)
88	남, 31세	동작구 사당동(승용차)
89	남, 39세	경기도 김포시 양촌읍(버스 33)
90	남, 33세	혜화역(승용차)
91	여, 27세	금릉역(경의중앙선, 버스 9000, 2500, 마을버스 078, 073)
92	남, 34세	종로구 평창동(승용차)
93	여, 30세	종로구 평창동(승용차)
94	여, 47세	경기도 파주시 동패동(승용차)
95	남, 55세	경기도 고양시 일산서구 대화동(승용차)
96	여, 64세	마포구 성산동(승용차)
97	남, 62세	경기도 고양시 일산서구 주엽동(승용차)
98	여, 37세	경기도 파주시 갈곡리(승용차)
99	여, 34세	영등포구 영등포동5가(버스 9000)
100	남, 36세	경기도 파주시 교하동(승용차)
101	남, 39세	경기도 고양시 일산동구 정발산동(버스 200 / 승용차)
102	여, 29세	경기도 고양시 일산서구 대화동(버스 200 / 승용차)
103	여, 35세	경기도 고양시 일산서구 주엽동(버스 200)
104	여, 38세	경기도 파주시 운정3동(버스 56, 66) → 파주시 동패동(버스 280
105	남, 34세	마포구 합정동(버스 2200)
106	여, 37세	경기도 파주시 야당동(마을버스 083)
107	남, 29세	경기도 고양시 일산동구 중산동(버스 90)
108	남, 49세	경기도 고양시 일산서구 대화동(승용차)
109	여, 37세	경기도 파주시 금촌동(승용차)
110	여, 38세	경기도 고양시 일산동구 백석동(버스 200)
111	남, 40세	경기도 김포시 장기동(버스 33)
112	남, 26세	경기도 고양시 일산동구 백석동(버스 200)
113	여, 28세	경기도 파주시 금촌동(버스 200)
114	여, 28세	경기도 고양시 일산동구 풍동(승용차)
115	여, 46세	경기도 고양시 덕양구 화정1동(버스 9701)
116	남, 50세	(승용차)
117	남, 41세	경기도 파주시 동패동(버스 200)
118	여, 57세	경기도 고양시 덕양구 화정동(버스)
119	남, 31세	마포구 합정동(버스 2200)
120	남, 49세	마포구 합정동(버스 2200)

번호	성별, 나이	출발지/경로	번호	성별, 나이	출발지/경로
121	남, 67세	경기도 파주시 동패동(버스 083)	181	여, 23세	경기도 파주시 문발동(버스 9000, 마을버스 078)
122	남, 41세	경기도 파주시 금촌동(버스 078)	182	여, 32세	경기도 고양시 일산서구 덕이동(승용차)
123	남, 42세	강서구 화곡동(승용차)	183	여, 30세	경기도 파주시 야당동(버스 9000)
124	남, 33세	중구 명동(승용차)	184	여, 45세	강서구 발산동(승용차)
125	여, 29세	경기도 파주시 금촌동(버스 078)	185	남, 57세	강서구 발산동(승용차)
126	여, 30세	서울특별시 마포구 성산동(버스)	186	여, 37세	경기도 고양시 교하동(버스 20)
127	남, 39세	경기도 고양시 일산동구 식사동(버스 20)	187	남, 34세	경기도 파주시 문발동(버스 073, 087)
128	여, 38세	경기도 파주시 동패동(버스 078)	188	남, 34세	경기도 파주시 문발동(버스 200)
129	여, 31세	동작구 노량진동(승용차)	189	여, 45세	경기도 파주시 동패동(승용차)
130	?, 42세	마포구 성산동(승용차)	190	여, 23세	경기도 파주시 금촌동(버스 078)
131	여, 40세	(승용차)	191	여, 27세	경기도 고양시 덕양구 화정동(버스 20)
132	여, 28세	경기도 파주시 목동동(마을버스 083)	192	여, 23세	경기도 파주시 문발동(버스 078)
133	여, 31세	경기도 파주시 목동동(마을버스 080B)	193	남, 38세	경기도 김포시 장기동(승용차)
134	여, 32세	마포구 합정동(셔틀버스)	194	여, 29세	경기도 고양시 일산서구 대화동(승용차)
135	남, 27세	경기도 고양시 덕양구 토당동(승용차)	195	여, 50세	양천구 목동(승용차)
136	여, 38세	경기도 고양시 덕양구 삼송동(승용차)	196	여, 49세	경기도 고양시 일산서구 주엽동(승용차)
137	남, 46세	경기도 파주시 동패동(버스 87)	197	남, 48세	경기도 파주시 교하동(승용차)
138	여, 29세	광흥창역(6호선) → 합정역(6호선, 버스 2200)	198	남, 45세	경기도 파주시 운정동(승용차)
139	여, 31세	마포구 상암동(승용차)	199	남, 24세	경기도 파주시 교하동(버스 078)
140	여, 34세	가능역(1호선) → 도봉산(7호선 / 승용차)	200	남, 41세	경기도 고양시 일산서구 주엽동(승용차)
141	여, 32세	마포구 합정동(버스 2200)	201	남, 35세	경기도 파주시 운정동(승용차)
142	남, 45세	마포구 합정동(버스 2200)	202	남, 30세	경기도 파주시 교하동(승용차)
143	여, 33세	마포구 합정동(버스 2200)	203	여, 37세	은평구 증산동(승용차)
144	여, 37세	마포구 합정동(버스 2200)	204	남, 38세	증산역(6호선) → 합정역(6호선, 버스 2200)
145	여, 38세	경기도 파주시 야당동(승용차)	205	여, 21세	경기도 파주시 목동동(마을버스 83)
146	남, 37세	경기도 파주시 야당동(승용차)	206	남, 27세	경기도 고양시 일산서구 대화동(버스 200)
147	여, 24세	경기도 고양시 일산서구 탄현동(버스 2200)	207	남 45세	경기도 용인시 기흥구 마북동(승용차)
148	여, 32세	경기도 고양시 일산서구 덕이동(승용차)	208	여, 32세	경기도 고양시 덕양구 내유동(승용차)
149	남, 46세	경기도 고양시 일산서구 가좌동(승용차)	209	여, 32세	경기도 고양시 일산서구 탄현동(버스 20)
150	남, 36세	경기도 파주시 금촌동(승용차)	210	남, 42세	경기도 파주시 야당동(승용차)
151	남 46세	경기도 고양시 일산서구 대화동(승용차)	211	남, 39세	경기도 고양시 일산서구 탄현동(승용차)
152	남, 30세	강서구 가양동(승용차)	212	여, 29세	숭실대입구역(7호선) → 합정역(2호선, 버스 2200)
153	여, 24세	경기도 파주시 목동동(승용차)	213	남, 46세	경기도 부천시 원미구 중동(승용차)
154	여, 42세	경기도고양구 덕양구 행신동(승용차)	214	여, 23세	경기도 고양시 일산동구 백석동(셔틀버스)
155	남, 45세	경기도 파주시 금촌동(승용차)	215	여, 33세	강서구 화곡동(승용차)
156	남, 36세	노원구 상계동(승용차)	216	남, 55세	마포구 합정동(버스 2200)
157	여, 26세	마포구 합정동(버스 2200)	217	남, 46세	마포구 합정동(버스 2200)
158	남, 36세	인천광역시 부평구 부평동(승용차)	218	남, 40세	마포구 합정동(버스 2200)
159	남, 36세	경기도 파주시 문발동(승용차)	219	남, 59세	경기도 파주시 야당동(승용차)
160	남,53세	성북구 동선동3가(승용차)	220	여, 31세	(승용차)
161	여, 28세	경기도 파주시 야당동(버스 078)	221	여, 39세	경기도 고양시 덕양구 화정동(승용차)
162	여, 27세	경기도 파주시 문발동(마을버스)	222	여, 31세	신촌역(2호선) → 합정역(2호선, 버스 2200)
163	여, 32세	경기도 부천시 원정동(승용차)	223	남, 57세	인천광역시 서구 검단1동(승용차)
164	남, 50세	경기도 부천시(승용차)	224	남, 28세	파주 출판단지(도보)
165	남, 40세	경기도 파주시(자가용)	225	여, 30세	경기도 파주시 금촌동(승용차)
166	남, 50세	경기도 과천시 부림동(승용차)	226	여, 29세	경기도 고양시 일산동구 백석동(버스 200)
167	여, 28세	양천구 목동(승용차)	227	여, 39세	경기도 고양시 일산서구 주엽동(버스 200)
168	남, 52세	양천구 신월동(승용차)	228	남, 47세	경기도 파주시 문발동(승용차)
169	남, 44세	경기도 구리시(승용차)	229	여, 23세	마포구 합정동(버스 2200)
170	남, 40세	동작구 사당동(승용차)	230	여,30세	경기도 고양시 일산동구 백석동(버스 200 / 승용차)
171	여, 48세	경기도 의정부시 민락동(승용차)	231	남, 44세	경기도 고양시 덕양구 행신동(승용차)
172	여, 45세	마포구 합정동(셔틀버스)	232	남, 32세	경기도 파주시 금촌동(승용차)
173	여, 20세	구파발역(3호선) → 대화역(3호선, 버스200)	233	남, 33세	경기도 파주시 가좌동(승용차)
174	여, 30세	경기도 파주시 문산읍(승용차)	234	남, 40세	경기도 파주시 금촌동(승용차)
175	여, 29세	마포구 합정동(버스 2200)	235	여, 47세	경기도 고양시 덕양구 행신동(승용차)
176	여, 36세	경기도 고양시 덕양구 화정동(승용차)	236	여, 30세	합정역(2호선) / 당산역(2호선)
177	남, 44세	경기도 부천시 원미구 중동(승용차)	237	여, 32세	문래역(2호선) → 합정역(2호선, 버스 2200번)
178	여, 45세	경기도 파주시 교하동(승용차)	238	여, 31세	마포구 합정동(버스 2200 / 출판도시 셔틀버스)
179	남, 36세	경기도 고양시 일산동구 마두동(승용차)	239	여, 28세	마포구 합정동(버스 2200)
180	여, 27세	경기도 고양시 덕양구 내유동(승용차)	240	여, 32세	백석역(승용차)

241	여, 35세	경기도 파주시 교하동(승용차)
242	여, 27세	마포구 합정동(버스 2200)
243	남, 36세	경기도 파주시 문발동(승용차)
244	남, 59세	경기도 고양시 일산서구 일산동 덕이의류상가(버스)
245	여, 41세	경기도 고양시 일산서구(승용차)
246	여, 31세	경기도 고양시 일산서구 대화동(승용차)
247	여, 38세	마포구 합정동(버스 2200 / 승용차)
248	남, 33세	화정역(승용차)
249	여, 33세	서울시 마포구(승용차)
250	여, 28세	마포구 합정동(버스 2200)
251	여, 46세	경기도 파주시 문발동(자가용 / 버스 9000, 83)
252	여, 40세	구로구 신도림동(승용차)
253	남, 45세	목동역(5호선) / 양천구 신정동(버스 602, 603)
254	여, 29세	마들역(7호선)
255	여, 34세	경기도 고양시 일산서구 일산동(승용차)
256	여, 35세	영등포구 영등포동4가(버스 9000)
257	여, 41세	경기도 고양시 일산서구 주엽동(버스 200)
258	여, 31세	새절역(6호선) → 합정역(6호선, 버스 2200 / 출판도시 셔틀버스)
259	남, 33세	발산(5호선, 2호선) / 강서구 화곡6동(버스 5612)
260	여, 29세	안양역(1호선) → 합정역(2호선, 버스2200)
261	남, 41세	대림역(2호선) → 합정역(2호선, 버스 2200)
262	여, 44세	경기도 덕양구 원흥동(버스 045,046) / 원흥역(3호선) → 대화역(버스 200)
263	남, 52세	쌍문역(4호선) → 동대문운동장(2호선) → 합정(2호선, 버스 2200)
264	남, 32세	마포구 합정동(버스 2200)
265	여, 26세	도보
266	여, 24세	원흥역(3호선) → 대화역(3호선, 버스 200번)
267	남, 40세	경기도 파주시 신촌동
268	여, 35세	마포구 합정동(버스 2200)
269	남, 33세	대흥역(6호선) → 합정(6호선, 버스 2200)
270	여, 25세	경기도 파주시 교하동
271	여, 48세	용산구 한강로1가(승용차)
272	남, 28세	경기도 파주시 교하동(마을버스 78)
273	남, 38세	강서구 발산동(승용차)
274	남, 43세	은평구 응암동(승용차)
275	여, 31세	마포구 망원동 → 합정동(버스 2200)
276	남, 61세	마포구 합정동(버스 2200)
277	여, 45세	경기도 파주시 야당동(승용차)
278	여, 41세	태릉입구역(6호선) → 합정역(6호선, 셔틀버스)
279	여, 41세	경기도 파주시 교하동(승용차)
280	여, 29세	경기도 고양시 일산서구 탄현동(승용차)
281	남, 36세	경기도 고양시 일산서구 탄현동(승용차)
282	남, 36세	경기도 덕양구 행신동(승용차)
283	남, 51세	경기도 고양시 일산서구 주엽동(승용차)
284	남, 48세	인천광역시 계양구 계산동(승용차)
285	여, 33세	대림역(2호선) → 합정역(2호선, 셔틀버스)
286	여, 31세	마포구 합정동(버스 2200)
287	남, 29세	경기도 고양시 일산동구 마두동(승용차)
288	남, 43세	경기도 파주시 금촌동(승용차)
289	남, 56세	경기도 파주시 문산읍(승용차)
290	여, 35세	경기도 고양시 일산동구 백석동(승용차)
291	여, 32세	마포구 합정동(버스 2200)
292	남, 50세	경기도 파주시 야당동(승용차)
293	남, 29세	마포구 합정동(버스 2200)
294	남, 55세	경기도 파주시 야당동(승용차)
295	남, 47세	은평구 진관동(승용차)
296	남, 44세	강서구 화곡동(승용차)
297	여, 32세	경기도 고양시 일산서구 대화동(버스)
298	여, 42세	용산구 후암동(버스 605) → 삼각지역(6호선) → 합정역(6호선, 셔틀버스)
299	남, 32세	마포구 합정동(버스 2200)
300	여, 44세	광진구 화양동(승용차)
301	여, 33세	경기도 파주시 문발동(마을버스 78)
302	여, 26세	이수역(4호선) → 합정역(6호선, 버스 2200)
303	남, 30세	경기도 파주시 야당동(승용차)
304	여, 32세	경기도 파주시 야당동(승용차)
305	여, 29세	화곡역(5호선) → 합정역(2호선, 버스 2200)
306	여, 29세	미아역(4호선) → 합정역(2호선, 버스 2200)
307	여, 32세	목동역(5호선) → 합정역(2호선, 버스 2200)
308	남, 29세	출판단지(도보)
309	남, 28세	은평구 신사동(승용차)
310	여	대화역(3호선) → 버스 20
311	여,34세	강서구 방화동(승용차)
312	남, 40세	은평구 수색동(승용차)
313	여, 51세	은평구 응암동(승용차)
314	여, 27세	경기도 광명시 철산동(승용차)
315	여, 31세	경기도 고양시 일산동구 마두동(버스 200)
316	여, 29세	신도림역(2호선) → 합정역(2호선, 버스 2200)
317	남, 40세	경기도 파주시 야당동(승용차)
318	여, 29세	경기도 파주시 교하동(버스 73)
319	남, 41세	마포구 창전동(승용차)
320	여, 36세	경기도 파주시 목동동(버스 66)
321	여, 38세	노원구 월계동(승용차)
322	여, 40세	경기도 고양시 덕양구 화정동(버스 200)
323	남, 41세	경기도 파주시 교하동(승용차)
324	여, 29세	마포구 합정동(버스 2200)
325	여, 34세	경기도 성남시 수정구 수진동(승용차)
326	여, 28세	신도림역(1호선) → 합정역(2호선, 버스 2200)
327	여, 35세	부평구청역(7호선) → 합정역(2호선, 2200)
328	남, 48세	경기도 고양시 일산서구 대화동(버스 200)
329	남, 74세	마포구 합정동(버스 2200)
330	남, 75세	강서구 등촌동(버스 602)
331	여, 50세	경기도 파주시 야당동(승용차) / 마포구 합정동(버스 2200)
332	여, 33세	경기도 파주시 동패동(버스 200)
333	여, 30세	경기도 파주시 교하동(승용차)
334	남, 31세	경기도 파주시 동패동(마을버스 83)
335	여, 37세	강서구 마곡동(승용차)
336	남, 50세	강서구 발산동(승용차)
337	여, 32세	경기도 고양시 덕양구 능곡동
338	남, 51세	경기도 고양시 일산동구 마두동
339	남, 34세	경기도 고양시 덕양구 삼송동(승용차)
340	여, 41세	마포구 대흥동(승용차)
341	여, 30세	낙성대역(2호선) → 합정역(2호선, 버스 2200)
342	여, 36세	인천광역시 남동구 구월동(승용차)
343	남, 34세	마포구 합정동(버스 2200)
344	남, 28세	마포구 합정동(버스 2200)
345	남, 40세	종로구 혜화동(승용차)
346	여, 36세	경기도 고양시 일산동구 장항동(버스 200)
347	여, 29세	마포구 합정동(버스 2200)
348	여, 39세	중구 명동(승용차)
349	남, 47세	경기도 파주시 금촌동(승용차)
350	여, 56세	경기도 고양시 일산서구 대화동(승용차)
351	여, 33세	경기도 파주시 금촌동(버스 78)
352	남, 46세	영등포구 신길동(승용차)
353	남, 29세	마포구 합정동(버스 2200)
354	여, 36세	경기도 고양시 일산서구 탄현동(승용차)
355	여, 29세	경기도 고양시 덕양구 능곡동(승용차)
356	남, 33세	경기도 고양시 덕양구 대장동(승용차)
357	여, 28세	마포구 합정동(버스 2200)
358	여, 30세	경기도 파주시 동패동(승용차)

359	여, 31세	경기도 고양시 덕양구 행신동(승용차)
360	남, 48세	경기도 광명시(승용차)
361	여, 47세	강서구 가양동(승용차)
362	여, 39세	양천구 목동(승용차)
363	여, 40세	신대방역(2호선) → 합정역(2호선)
364	남, 31세	마포구 합정동(버스 2200)
365	남, 32세	마포구 합정동(셔틀버스)
366	남, 36세	노원구 상계동(승용차)
367	여, 31세	경기도 파주시 동패동(승용차)
368	여, 33세	사당역(2호선) → 합정역(2호선, 버스 2200)
369	여, 30세	마포구 합정동(버스 2200)
370	남, 58세	출판단지(도보)
371	여, 27세	노량진역(1호선) → 당산역(2호선) → 합정역(2호선, 버스 2200)
372	남, 58세	동작구 사당동(승용차)
373	여, 43세	동작구 사당동(승용차)
374	남, 46세	경기도 파주시 동패동(승용차)
375	여, 32세	공덕역(6호선) → 합정역(6호선, 셔틀버스)
76	여, 36세	영등포구 영등포동(승용차)
77	여, 40세	경기도 파주시 동패동(승용차)
78	남, 32세	경기도 파주시 야당동(버스 83)
79	남, 29세	경기도 파주시 금촌동(버스 78)
80	남, 28세	경기도 파주시 금촌동(버스 9000, 2500 / 승용차)
81	남, 30세	경기도 파주시 금촌동(버스 78)
82	남, 46세	경기도 고양시 덕양구 화정동(버스 9701)
83	남, 51세	경기도 고양시 일산서구(승용차)
84	남, 34세	경기도 파주시 갈곡리(버스 600)
85	남, 29세	경기도 파주시 금촌동(승용차)
86	여, 37세	응암동. 합정 버스(승용차)
87	여, 38세	화곡역(승용차)
88	남, 40세	경기도 파주시 야당동
89	여, 32세	마포구 합정동(버스 2200)
90	남, 51세	경기도 고양시 일산서구 대화동(승용차)
91	여, 42세	마포구 합정동(셔틀버스)
92	남, 27세	경기도 파주시 야당동(승용차)
93	남, 38세	경기도 파주시 금촌동(승용차)
94	남, 55세	경기도 파주시 동패동(승용차)
95	여, 39세	종로구(승용차)
96	여, 28세	강서구 방화동(승용차)
97	남, 50세	경기도 파주시 문산읍(승용차)
98	여, 49세	경기도 고양시 덕양구 화정동(승용차)
99	남, 27세	마포구 합정동(버스 2200)
00	여, 31세	경기도 파주시 동패동(마을버스 78)
01	남, 35세	경기도 고양시(승용차)
02	여, 33세	경기도 고양시 일산동구 백석동(버스 200)
03	남, 51세	영등포구 신길동(승용차)
04	여, 28세	마포구 합정동(셔틀버스)
05	여, 57세	구로구 신도림동(승용차)
06	여, 32세	염창역(9호선) → 합정역(2호선, 셔틀버스)
07	여, 36세	경기도 고양시 일산서구 대화동(승용차)
08	남, 33세	경기도 고양시 일산동구 풍동(승용차)
09	남, 37세	구로구 구로동(승용차)
10	남, 56세	경기도 파주시 야당동(자가용)
11	여, 30세	경기도 파주시 동패동(자가용)
12	남, 29세	경기도 고양시 일산서구 대화동
13	여, 60세	경기도 고양시 일산서구 주엽동(자가용)
14	남, 29세	마포구 합정동(버스 2200)
15	남, 32세	마포구 합정동(셔틀버스)
16	남, 33세	경기도 파주시 목동동(버스 83)
17	여, 39세	마포구(승용차)
18	여, 29세	경기도 파주시 금촌동(버스 78)

419	여, 37세	마포구 합정동(버스 2200)
420	남, 33세	경기도 파주시 목동동(마을버스)
421	남, 28세	능곡역(경의중앙선) → 금릉역(경의중앙선)
422	여, 55세	경기도 고양시 덕양구 삼송동(승용차)
423	여, 29세	마포구 합정동(버스 2200)
424	여, 33세	광흥창역(6호선) → 합정역(6호선, 2200 버스)
425	남, 57세	경기도 파주시 갈곡리
426	여, 37세	경기도 고양시 일산동구 중산동(버스 90)
427	남, 31세	경기도 파주시 금촌동(승용차)

김종오, 「식물감감」, 2003-2007.
김종오, 「루프하우스」, 2003-2007.

김종오, 「한길아트스페이스」, 2003-2007.
김종오, 「카메라타」, 2003-2007.

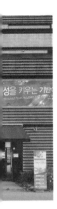

변방의 유토피아: 헤이리 기행, 10년 후

<u>1</u>

헤이리는 변방에 있다. 통일이 되면 달라질지도 모르지만 우리나라 모든 것의 기준인 서울보다 휴전선에서 가까운 곳이니 변방임에 틀림없다. 헤이리를 가기 위해 집을 나선다. 순전히 글을 쓰기 위해서다.

2015년 4월 15일 월요일. 날씨는 좋다. 헤이리 홈페이지는 월요일에는 대부분의 전시장과 상점, 카페들이 문을 닫는다고 알려준다. 사람들이 적고 한가할 터이니 둘러보기에는 좋을 듯하다.

살고 있는 아파트를 나선다. 현관문이 자동으로 닫힌다. 엘리베이터를 탄다. 엘리베이터 안에 근래에 실시한 주민투표 결과가 붙어 있다. 주민들이 공통으로 사용하는 커뮤니티 센터의 활용 방안과 지하공간의 용도에 관해서다. 투표율이 아주 높다. 투표를 하면 라면 다섯 개들이 한 봉지를 준 것이 유효한 것이다. 다른 주요한 선거도 그랬으면 싶다. 세금 거둬서 4대강 사업이나 운행도 못하는 군함을 짓는 데 헛돈을 쓰느니 일종의 선거복지 차원에서 실시해봄직도 하다. 다른 나라의 선례가 없는 것도 아니니까.

아파트라는 거주공간, 하나의 단지에서 사는 1,300세대 이상의 사람들. 이곳도 일종의 유토피아라고 할 수 있을까? 아니면 디스토피아일까? 아파트에 사는 사람들은 적어도 아파트 단지 안에서는 개별자로서의 존재감이 없다. 몇 동 몇 호에 사는 사람으로 불리지 개인이 아니다. 대체로 비슷한 정도의 빚을 진 유사한 경제 사정과 우연이 만든 공동체이므로 이걸 우연 경제 공동체로 불러야 할지도 모른다.

2

마을 버스를 탄다. 새로 지은 아파트 단지, 단독주택 구역을 지나 새로 지은 역에서 내린다. 지하철 3호선 원흥역 주위는 허허벌판에 가깝다. 개발 중인 것이다. 지하철을 타고 대화역에서 내린다. 대화역에서 헤이리로 가는 버스는 두 노선이 있다. 출판단지로 들어가 합정에서 오는 2200번을 타는 것과 대화역에서 900번 버스를 타는 것이다. 2200번 노선은 갈아타지만 상대적으로 빠르고, 900번 노선은 갈아타지는 않지만 이곳저곳 들러서 가기 때문에 시간이 더 걸린다. 갈아타기도 귀찮고 서두를 일도 없어서 900번 버스를 타기로 한다.

근래에 헤이리에 가본 적이 있던가? 친구들 전시 때문에 서너 번 간 적은 있다. 하지만 곳곳을 둘러본 것은 벌써 10여 년 전 일이다. 2004년 헤이리에서 조직한 전시에 참여하면서 헤이리를 찍었을 때이다. 그 이후에도 몇 번 전시에 참여한 적은 있지만 마음먹고 둘러보지는 않았었다.

900번 버스가 온다. 대화에서 타면 탄현, 운정, 파주, 금촌을 거쳐 통일동산까지 가는 노선이다. 이 버스도 타본 적이 있는데 아무런 기억이 나지 않는다. 놀랄 것도 없다. 요즘 겪는 모든 일이 그러니까. 어제 일이 10년 전 같고, 40년 전 일이 어제 일 같다. 나이를 먹은 게다.

창밖으로 아파트 단지가 보인다. 거의 새로 지은 건물들이다. 탄현, 운정 지구. 대한민국 어디서나 볼 수 있는 무차별적 풍경이다. 아파트는 개별적인 건물이 아닌 하나의 거대한 덩어리, 성채처럼 보인다. 안에 있으면 시간과 공간에 대한 감각이 달라지는 외부와 격리된 딴 세상.

아파트 단지를 지나면 갑자기 비닐하우스 여러 채가 줄지어 선 농촌 풍경이 시작된다. 지다 만 벚꽃이 낡은 셔츠 단추처럼 나무에 간신히 매달려 있다. 임진강이 보인다. 아니, 안 보인다. 있을 거라 짐작할 뿐이다. 예민한 지역이다. 북으로 선전용 풍선을 날리는 곳이고, 북에서 쏜 기관총탄이 떨어져 시멘트 바닥을 파헤치는 곳이다. 이런 지역에서 유토피아는 가능한 것일까?

189

HEYRI ART VALLERY

헤이리 아트밸리

'문화예술특별시'에 초대합니다

문화와 예술이 날개를 펼치는 헤이리 아트밸리가 건설됩니다

헤이리 아트밸리(Heyri Art Valley)는 21세기 우리 문화예술을 위한 열린 창입니다.
문화예술인들이 상호 교류하며 각자의 작업공간을 가질 수 있는 마을.
우리의 혼이 깃든 전통문화유산과 현대적이고 실험적인 예술이 만나
새로운 문화예술이 창출되고, 그 속에서 생산되는 열매를 대중들이 한껏 향유하는 마을.
그 꿈의 공간을 헤이리 아트밸리가 열어나가겠습니다.

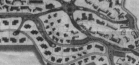

문화와 예술이 창출되고 전시되는 마을

세계로 열려 있는 문화예술마을

21세기를 준비하는 문화예술인들을 모십니다

우리나라 최초의 그린 네트워크 전원마을

미래로 열린 밤, 자유로 문화예술벨트

건설계획의 개요

헤이리 아트밸리 참여회원

헤이리 아트밸리

건설위원회　서울 강남구 신사동 506 강남솔문화센터 404호
TEL:511-5642~3, FAX:511-5644

3

파주를 지난다. 파주 신시가지이다. 새로 지은 도서관이 보이고, 아파트들이 보인다. 사람들과 차들이 지나간다. 금촌 근처에 오자 어쩐지 길들이 낯이 익다. 몇 번 지난 적이 있는 것이다. 멀리 전원주택들이 사탕과자처럼 반짝인다. 햇볕에 녹고 있는 것 같기도 하다.

4

풍경들이 지루해지자 지루한 생각이 떠오른다. 유토피아란 무엇일까. 먼저 불가능성이라는 말이 뒤를 따른다. 지상에서, 현세에 가능하면 유토피아가 아니다. 가능한 것은 의사 유토피아(pseudo utopia) 혹은 유토피아적 경관뿐이다.

마을이 하나 있다고 치자. 자연적으로 형성된 마을이라면 대개는 오래된 낡은 집들과 새집이 뒤섞이고, 재료와 건축 형태도 조금씩 달라지기 마련이다. 때문에 오래된 마을의 건축은 서로 다른 시간의 누적이다. 당대의 유사한 건축들이 모인, 동시대의 집적물은 아니다.

헤이리와 같은 도시, 아파트 단지, 신도시는 거의 동시에 건축된다. 그리고 그 건축은 끔찍할 정도로 동시대적이다. 유사한 목적, 형식, 재료, 설계, 가치 등이 공유된다. 특히 헤이리는 시간의 질서-건축적 시간의 질서를 엄격하고 철저하게 동시대적인 것으로 제한한다. 그 질서에 대한 열망은 헤이리를 처음 시작할 때의 강령에 담겨 있다.

10여 년 전 나는 그런 헤이리에 관한 글을 썼다. 진행 중인 유토피아로서의 가능성과 김포공항 옆에 있어 사라져버린 오쇠리라는 동네의 대척점으로서의 모습을 다루었다. 다시 읽어보기로 한다. 여전히 유효할까?

르페브르 말대로 이제 모든 공간과 땅은 균질화, 파편화, 위계화되어 더 이상 자본주의와 국가권력의 제어로부터 자유로울 수 없을 것만 같다. 우리의 경우 서울을 중심으로 한 대도시를 벗어나려는 노력이 결국은 투기적이고 폐쇄적인 신도시, 기껏해야 투자 목적과 어처구니없이 낭만적인 생각에서 출발한 전원주택 단지, 상업적 목적의 팬션 따위로 확산되는 것을 보면 더욱 우울해지지 않을 수가 없다.

때문에 최근에 우연히 가본 헤이리에 대해서도 다시 생각하게 된다. 오쇠리와 마찬가지로 같은 경기도에 있는 헤이리는 오쇠리와 완벽한 대척점에 서 있다. 동시대, 거리상으로는 멀지 않은 곳이면서도 두 곳의 양상은 무척 다르다.

오쇠리가 소멸되어가는 마을임에 반해 헤이리는 생성 중인 도시이다. 사실 그 규모로는 오쇠리보다 작기 때문에 도시라기보다는 헤이리 아트 밸리라는 공식 이름처럼 마을에 가깝다. 행정 구역상으로는 경기도 파주시에 속하는데, 임진강과 통일동산, 곧 북한에 가깝기 때문에 부동산 투자처로는 매력이 없다. 오쇠리와 헤이리 모두 경기도에 있다는 것은 메가로폴리스로서의 서울의 위세와 영향을 여지없이 보여준다.

헤이리의 태동은 1995년부터였다고 헤이리 홈페이지는 전한다. 그 후 우여곡절을 거쳐 이제 헤이리에는 건물들이 상당수 들어서서 마을의 꼴을 갖추기 시작했다. 계획에 따르면 몇 년 내에 헤이리 안의 모든 건축물이 완성될 것이라고 한다.

헤이리를 건설에는 몇 가지 원칙이 있다. 그 원칙들은 헤이리 기획위원회를 중심으로 결정된 것인데, 헤이리를 다른 곳과 차별화하기 위한 방편으로 만들어졌다. 이를 간단히 요약해보면, 자연이 살아 숨 쉬는 생태 마을, 그린네트워크로 디자인된 마스터플랜, 최고의 건축가들이 설계하는 건축 전시실, 예술 작품으로 조성된 광장과 길, 예술성 높은 교량을 위한 현상 설계 실시, 휴먼 스케일을 살린 스카이라인, 자연친화적 조경 및 하천의 정비 등이 그것이다.

이런 원칙들이 관철되고 있다는 것을 가장 먼저 보여주는 것은 멀쩡하게 남아 있는 야산들이다. 대개 신도시를 만들면 건축 면적을 넓히기 위해 밀어버리는 나지막한 야산들이 그대로 있다는 것이 헤이리라는 장소의 성격을 잘 보여준다.

헤이리는 거대한 건축 전시장이다. 길을 따라 걸으면 그대로 전시장을 한 바퀴 도는 셈이다. 그중 몇 건축은 베니스 건축 비엔날레에도 나갔으니 문자 그대로 대한민국 대표 건축들이 모인 셈이다.

그리고 그러기 위해서 앞서 말한 엄격한 규정들을 지켜야 했다. 예를 들면 분양받은 면적의 절반은 녹지로 조성해야 하고, 담장과 대문을 만들 수 없으며, 용적률은 100%를 넘을 수 없다. 거기에 보태어 시멘트나 목재 등 재료의 물질적 성격을 적실히 드러내어 시간에 따라 변해가는 모습을 그대로 보여주도록 제한했으며, 색은 안팎이 같아야 했다. 페인트는 사용할 수 없으며 시멘트에 염료를 섞어 색을 내는 등의 조건들이 붙었다.

이렇게 엄격한 규정을 지켜 지어진 건물들은 어떨까? 건축물 하나하나는 나쁘지 않다. 아니 아무 원칙도 없이 지어진 건물들에 비하면 분명히 환경을 고려했고, 개성 있으며, 심미적이다. 하나의 작품이라는 느낌이 확실히 든다. 그러나 이상하게도 헤이리 길을 따라 걸으면 기묘한 이질감이 느껴진다. 분명히 잘 지었는데 주위 환경과 부딪히는 것이다. 그 이유는 여러 가지일 것이다. 우선은 주위 환경이 완전히 정비되지 않았다. 건물들이 들어선 사이마다 야생 잡초가 무성하기 때문인지도 모른다. 물론 그것이 전부는 아니다. 어차피 헤이리의 구상대로라면 잡초는 잔디나 기타 흔해 빠진 조경으로 대치되지 않은 채 남아 있어야 하기 때문이다.

물론 어떤 건축물들은 주위 환경과 조화되도록 잘 배려되어 있다. 예를 들면 헤이리 사무소로 쓰이는 건축물은 도로의 높이와 지붕의 높이가 같고 지붕이 일종의 광장이나 마당

강홍구, 「드럼통」, 2004.

역할을 하며 공간의 짜임새도 그럴듯하다. 그러나 건물들에서 느껴지는 이질감은 감출 수 없다. 다시 한 번 왜 그럴까 하는 질문이 나오지 않을 수 없다.

어째서 70년대 우리나라 미술품 전시장을 걷는 듯한 느낌이 들까? 땅과, 야산과, 시내와, 잡초와, 하늘과 달라붙어 있지 않아서일까? 건물에 스며 있는 엘리티즘 때문일까? 아니면 한 번도 이런 공간을 본 적이 없어서일까? 어쨌든 한 가지 이유 때문만은 아닌 듯하다. 뭔가 복합적인 이유가 있다. 흔해 빠진 전원주택이나 카페 모양이 아닌 것만 해도 천만 다행이다 싶지만 그것으로는 부족하다.

헤이리는 장소성을 가진 도시를 만들기 위한 몸부림이다. 나라 어디를 가든 똑같은 건물, 간판, 업종, 아파트가 들어서 있는 무장소성으로부터 탈출하려는 시도이다. 서울의 파편이자 부분과 같은 끔찍함에서 벗어난 명백한 장소성을 가진 공간이 있다는 것은 축복이다. 하지만 그 인위적 장소성, 특수함의 추구가 무엇을 의미하는지, 앞으로 어떻게 될 것인지는 더 두고 봐야 할 일이다.

5

유승 앙브와즈 아파트 단지를 지난다. 신세계 아웃렛도 지난다. 이 모든 것들이 유토피아이고, 헤테로토피아이고 디스토피아이다. 우리 시대에는 이것들이 뒤섞여 있다. 분리하고 구분하는 것은 불가능하다. 우리의 욕망이 그러하듯이.

모든 공간과 장소는 욕망의 재현이다. 시대정신이란 시대의 욕망이다. 달리 보면, 동시대의 욕망이란 결핍에 관한 재현이고 형상화이다. 라캉이라면 그랬을지도 모른다. 모든 건축물이란, 장소란 일종의 상징계이자 실재계라고. 뉴욕, 두바이, 상하이, 브라질리아, 서울, 도쿄, 파리, 케이프타운…. 모두 마찬가지이다. 가자지구의 인공장벽, 우리의 휴전선, 남극의 기지, 요코스카 항에 정박 중인 미국 7함대 항공모함도 후쿠시마의 잔해도 마찬가지이다. 헤이리를 만들고 건설한 욕망은 무엇일까? 살 만한 곳, 장소성에 대한 열망, 자연친화적 공간과 질서와 다양성에 대한 갈망, 이른바 부동산 투기의 광기를 벗어난 부동산 개발?

6

시대의 욕망은 한 국가의 경우 일종의 국가적 어젠다로 제시된다. 이때 어젠다는 이데올로기이다. 중국의 도광양회(韜光養晦), 화평굴기(和平崛起), 유소작위(有所作爲) 따위의 슬로건은 중국이 가진 당대의 욕망을 말해준다. 일본 제국주의가 내세우던 팔굉일우(八紘一宇) 역시 마찬가지이다. 전후에는 평화국가와 경제번영이 어젠다였다. 경제적인 부가 팽창에 팽창을 거듭한 90년대 초 일본의 부는 거품이 되었고 드디어 터졌다. 이후 20년 동안 일본은 새로운 어젠다 제시에 실패했다. 너무 오래 집권한 자민당은 애초에 능력이 없었고 비극적이게도 그걸 대치할 만한 정치적 세력이나 능력 있는 집단이 없었다. 그 결과 민주당의 짧은 집권과 실패, 자민당의 재집권이 잇달았다. 그리고 이른바 보통국가(普通國家) 슬로건이 등장했다. 보통국가의 핵심은 두말할 필요 없이 전쟁할 수 있는 국가이다. 미국의 우산 아래 2차 세계대전 이전 제국으로 회귀하는 것이다. 이 희비극적 결론은 남의 일이 아니다. 일본보다 더 고약한 경우가 우리이다.

박정희 시대의 '싸우면서 건설하자', 승공통일, 중단 없는 전진, 건설, 수출, 증산 따위의 구호의 핵심은 부국강병이었다. 거기에 목적을 위해 수단과 방법을 가리지 말고 윤리와 도덕부터 무시하라는 실행 구호 "하면 된다"가 덧붙여졌다. 그 이후에는 독재타파, 민주쟁취가 가장 중요한 국민적 어젠다였다. 직선제가 실현된 다음부터는 말만 조금씩 다를뿐 여전히 가족과 개인의 사적 이익 증대와 이 사회의 공고화가 근간을 이루는 목표처럼 보인다. 국민들이 명시적으로 합의하건 아니건 이러한 슬로건들은 이데올로기로 일상적이 되어 모든 부분에 스민다.

197

먹고사는 것은 대강 해결됐다. 그 이상은 어떨까? 힘에 부치는 게 느껴진다. 선별복지, 불평등, 계급 고착, 가족이기주의 등이 뒤얽힌 가운데 선문답처럼 제시되는 평화통일, 복지국가 따위의 구호는 전혀 진정성이 없어 보인다. 우파도 좌파도 마찬가지이다. 지리멸렬이다. 대한민국 어느 곳에나 줄지어 서 있는 아파트와 신도시와 공단과 건축물들은 이 어젠다, 이데올로기의 실천이다.

7

헤이리에 거의 다 와간다. 7번 게이트를 지난다. 알 만한 곳이다. 6번 게이트에서 내린다. 너무 낯설다. 내 기억이 맞다면 6번 게이트는 한가해야 한다. 쌈지 건물과 갤러리 등이 있었던 곳인데 전혀 다른 곳으로 변모해버렸다. 수많은 가게가 집합된 거대 건물이 서 있다. 유원지처럼 보인다. '더 스텝'이라는 이름의 작가들을 위한 공간이었다고 한다. 임대가 가능한 공간. 와본 지 너무 오래된 것인가? 잠시 당황한다.

인간이란 이렇다. 기억하고 있는 장소와 달라 보이는 곳과 마주치면 익숙한 곳부터 찾는다. 그것이 랜드마크이다. 랜드마크란 어디서든지 보이는 거대한 건축물을 의미하지는 않는다. 구멍가게, 돌담에 있는 특이한 색깔의 돌덩이, 나무 한 그루도 랜드마크가 된다. 헤이리에는 높은 건물이 없다. 통상적인 의미의 랜드마크가 없는 것이다. 그 대신 초창기에 들어선 건물들이 내게는 일종의 랜드마크이다. 한길사에서 세운 책 박물관, 음악 감상실 카메라타, 커뮤니티 센터 등이 그것이다. 우선 한길 책 박물관을 찾아보기로 한다. 금방 찾을 수 있을 것 같은데 또 헤맨다.

아까 내리자마자 스태프 전용 건물에서 화장실을 찾다가 헤매던 생각이 난다. 화살표를 따라 복도를 걷다가 왼쪽으로 돌았더니 화장실은 뒤돌아가서 오른쪽으로 가야 한다는 쪽지가 붙어 있다. 무수히 많은 사람이 화장실이 이쪽에 있을 것이라고 믿고 왔었다는 이야기이다. 이건 화장실의 배치가 잘못된 것일까, 사람들의 습관이 틀려먹은 것일까? 일반적인 건축물의 공간 배치와 위계질서 등의 관습을 배신하는 것은 잘하는 것일까?

한길 책 박물관 건물은 이제 한길이 아닌 뒤쪽에 있다. 사방에 비슷한 건물들이 줄지어 들어섰다. 카페, 식당, 박물관, 체험센터들이 마치 한배에서 낳은 돼지새끼들처럼 꿀꿀거린다. 잘못 찾아온 것 같은 생각이 자꾸 든다. 헤이리가 아닌 것 같다는 느낌도 있다. 익숙한 건물들을 찾아보기 위해 길을 걷는다. 카메라타가 있던 언덕길을 올라간다. 기억 속의 건물들이 보인다. 약간 안심이 된다. 근래에 몇 번 다녀간 갤러리 소소를 지난다. 고개를 올라 왼쪽으로 방향을 튼다. 아래를 내려다본다. 빈 벌판이었던 곳에 건물이 많이도 들어섰다. 내가 기억하는 곳은 어떤 조각가의 작업실, 미술 기자를 지낸 사람이 지은 건물 등 몇 채 안 된다. 나머지는 새 건물들이다.

랜드마크가 없는 헤이리의 진정한 랜드마크인 시내와 호수 공원, 갈대 공원 쪽으로 다시 가보기로 한다. 거의 그대로이다. 물론 다리는 낡았고 나무들은 크게 자랐다. 경관이 달라져 보인다. 이제 정말 마을 같다. 크게 자란 나무와 풀 들이 10년이 흘렀다고 말하고 있다.

8

좀 걸었더니 족저근막염이 있는 발바닥이 고통을 호소하기 시작한다. 왼 발바닥이 더 아프다. 호수 공원 옆 카페에 들러 쉬기로 한다. 건축과 관련된 상을 받았다는 카페는 내부 공간이 독특하다. 길게 만들어진 복도가 높이 차가 있는 건물의 내부를 자연스럽게 연결하고 있다. 이곳저곳에 있던 미술 작품을 취급하던 갤러리들은 많이 사라졌다. 남아 있는 곳들도 의미 있는 전시를 하고 있지는 않다. 지나칠 정도로 대중적인 전시들뿐이다.

갤러리가 사라진 자리에는 여러 종류의 박물관이 들어섰다. 흔히 볼 수 있는 '그땐 그랬지' 류의 옛 물건을 적당히 모아 연출하는 곳부터 약간 전문적인 박물관까지 그 수가 만만치 않다. 사진 스튜디오도 곳곳에 있다.

아기 사진, 가족사진 등을 찍어주는 상업사진 스튜디오다. 예술로서의 사진과는 아무 관련이 없다. 식당들은 또 어떤가? 이탈리아, 프랑스부터 한식까지 골라 먹는 푸드코트 같다. 카페는 얼마나 많은지. 그리고 드디어 잡화 편의점이 생겼다. 언제부터 있었느냐고 물었더니 한 1년쯤 지났다고 한다.

중국 관광객을 태운 붉은 대형 버스 석 대가 지나간다. 헤이리는 이제 관광지다. 확실히 그렇게 말할 수 있다. 관광지가 나쁜가? 물론 아니다. 그냥 그렇다는 이야기다. 유토피아의 흔적이 남아 있는 관광지라고나 할까.

카페에 앉아 한 번도 생각해본 적 없는 헤이리의 예전 모습을 생각한다. 사진으로도 본 적이 없다. 홈페이지에도 없었다. 원주민들이 있었는지, 있었다면 어디로 갔는지 알려주지 않는다. 굳이 알아야 할 이유는 없지만.

9

헤이리의 한편은 공원 묘지이다. 다른 한편은 영어마을이다. 'English village'라는 헐리우드식 야외 간판이 불쌍하게 서 있다. 저 마을도 일종의 영어 유토피아, 아니 디스토피아다. 물론 들어가 본 적은 없다. 대중매체와 텔레비전 오락프로그램에 등장하는 것을 보았을 뿐이다. 최근에는 소식조차 들어보지 못했다.

유토피아가 관광지가 되는 이유는 무엇일까? 아마도 삶의 장소가 아니라 구경하거나 지나가는 장소여야 하기 때문일 것이다. 또 하나는 유토피아가 가진 생산수단이 자족적이지 못하거나 불충분해서일 것이다. 마을 내부에서 생산되는 것을 팔거나 유통해서 자급하지 못하는 것. 예술작품을 생산하고 판매해서 생활과 마을을 유지한다는 것은 불가능한 일이다. 그리고 모르긴 해도 지속적인 소득과 소비, 마을의 유지를 위해서는 관광과 체험이 가장 손쉬운 길이고 수지가 맞았을 것이다. 그걸 비난할 수 있을까? 물론 없다. 생산성이 낮아 유지되지 않는 마을보다는 어쨌든 마을이 존속되도록 하는 것이 더 중요할 테니까. 하지만 일종의 불법인 펜션 운영은 어떻게 보아야 할까? 모르겠다. 그것은 헤이리 주민들이 판단하고 결정할 일이니까.

10

오후 3시가 넘었다. 점심을 먹기 위해 식당을 찾는다. 전형적인 관광지 식당에서 오후 5시 같은 맛이 나는 황태 해장국을 먹고 다시 천천히 길을 걷는다. 1번 게이트로 갔다가 유명 가수와 감독이 소유하고 있다는 집들을 지난다. 뭔가 설치하려고 남겨놓은 듯한 넓은 공터는 주차장으로 쓰이고 있다. 건축가 우경국이 지은 갤러리 뒤편으로 가본다. 타셴 출판사에서 낸 책『죽기 전에 보아야 하는 건축 1000』에 포함되었다는 표식이 건물에 붙어 있다. 건물은 그런대로 관리가 잘되고 있었다.

여기를 지나자 일반 주택들이 보인다. 잘 지은 전원주택 풍의 건물들이 입을 다물고 서 있다. 드물게 '헤이리스러운' 풍경이다. 느긋하고 게으르게 슬리퍼를 신고 걸어도 괜찮은 곳. 젊은 엄마가 어린 여자아이를 데리고 천천히 나지막한 언덕을 올라간다. 아마도 헤이리를 처음 생각했던 이들은 이런 풍경을 꿈꾸지 않았을까.

하지만 헤이리도 주택가와 다운타운이 나뉜 것 같다. 일종의 필연이다. 아무리 작은 마을이라 해도 균질한 공간을 만드는 것은 근본적으로 불가능한 것이다. 사실 모든 장소, 공간은 일종의 불균형을 통해, 이질적인 것들을 담아 평형을 이룬다. 공간적 엔트로피라 부를 수도 있을 것 같다. 모든 장소, 마을, 공간에는 어떤 무질서가 필수적으로 필요한 것이다.

11

건축 및 도시계획 비평가 제인 제이콥스는 도시의 다용도 지구의 복잡성이 도시 계획자들의 심미안이 가정하는 것처럼 혼란과 무질서의 표현은 아니라고 말한다. 무질서란 사실 복잡하게 기능하는 질서라고 보아야 한다고.

그의 말은 일리가 있다. 예술마을 헤이리의 이상은 모던 혹은 포스트 모던한 예술적 건축과 자연과의 친화 그리고 그를 통해 예술의 생산과 유통이 극히 자연스럽게 이루어지는 데 있었을 것이다. 그러나 예술은 점점 사라지거나 약화되어가고 관광과 외견상의 무질서는 증대되어간다. 이는 필연적인 과정일 것이다. 아무리 단위를 축소하고 규율과 원칙이 엄격해도 사람이 하는 일들에는 틈이 있다. 그 틈은 인간의 본성이다. 이는 극히 현대화된 공장, 사무실, 조직 등 모든 곳에서 마찬가지이다. 아마 많은 사람이 지적하듯이 헤이리 마을은 자신을 둘러싼 손대지 않은 자연 생태계를 닮아가고 있는 것인지도 모른다.

자연 생태계는 인간이 만든 농장이나 논밭과는 달리 다양한 식물과 동물이 거의 무질서하게 뒤섞여 있다. 그러나 우리가 잘 알다시피 그것은 무질서가 아니라 인위적으로 만들어낼 수 있는 놀라운 질서이다. 이것들을 깨뜨릴 때 자연은 자기 파괴를 통해 인간에게 보복한다. 어쩌면 헤이리도 바로 그런 자연의 질서에 편입되는 과정일 수도 있다. 물론 그 이후에 어떤 모습을 할지 알 수는 없지만.

12

돌아가고 싶다. 아직 시간은 넉넉한데 발바닥은 아프고 마음 둘 곳이 마땅치 않다. 1번 출구에서 2200번 버스를 타려 하니 길을 건너 타라고 한다. 다음 버스가 오기까지 시간이 남아 묵정밭을 가로질러 3번 출구 쪽으로 간다. 헤이리의 진짜 매력은 역시 이런 묵정밭과 잡초와 길길이 자란 나무들에 있다. 어쩌면 건축은 실패하고 자연만 성공한 것은 아닐까?

길을 건너 버스를 기다린다. 버스가 온다. 출판단지를 지난다. 아웃렛을 지난다. 임진강이 보인다. 철책, 총, 탄환, 분단이 떠오른다. 버스는 막힘 없이 달려 합정역에 도착한다.

합정역에는 또 다른 유토피아가 기다린다. 고층 건물과 아파트와 쇼핑몰이 결합된 복합 공간이다. 헤이리의 또 다른 대척점에 있는 곳이다.

지나가면서 보기만 했지 한 번도 들어가 본 적은 없다. 한번 가보기로 한다. 에스컬레이터, 계단, 작은 공원, 먹을 것과 입을 것을 파는 가게들이 즐비하다. 축소된 도시 번화가 같은 구조다. 카레 집에서 이른 저녁을 먹는다. 내 입맛에는 아니다. 쇼핑몰 에스컬레이터 고무벨트를 핥고 있는 것 같은 맛이다.

13

헤이리는 유토피아가 아니라 일종의 호모토피아다. 아닌가? 헤테로토피아인가? 어쨌든 원칙과 규칙이 있는 세계에 대한 갈망이었다. 그리고 그 갈망은 무언가에 의해 해체되거나 변화되고 있다.

헤이리도 진화 중인 것이다. 그 진화는 물론 원래 꿈꾸던 방향은 아닌 듯하다. 하지만 그렇다고 해서 무슨 상관이랴? 인간이 하는 모든 계획은 원래 수정되고 변하기 위해 존재하는 것이니까. 헤이리 또한 성장하고, 정체되고, 소멸해갈 것이다. 우리나라 시골 마을들이 그러하듯이. 시골 마을을 생각하니 예리, 진리, 마리, 비리, 심리, 사리라는 이름을 가진 흑산도 마을들이 떠오른다. 아득하게 먼 남쪽 섬들, 통째로 사라진 우이도의 한 마을도. 아마 헤이리도 크게 다르지 않을 것이다.

욕망의

아키토피아의 실험

주거풍경

Experiment of Architopia

판교 개발이 시작될 즈음의 항공사진. 가운데 경부고속도로를 축
으로 서쪽이 단독주택이 밀집된 판교단독주택지구임. 2006. 한
국토지주택공사 제공.

판교 삼평동 일대 2009 한국토지주택공사 제공

서판교 내 판교월든힐스와 단독주택 풍경, 2012, 한국토지주택공사 제공

옵티컬레이스, 「왜 판교인가」, 2015.

「왜 판교인가」는 아파트를 중심으로 한 도시개발이 어떤 흐름 속에서 지속적으로 시도될 수 있었는지 몇 가지 지표를 중심으로 나타내고자 했다.

1기 신도시를 만든 요인은 크게 세 가지로 나누어 생각할 수 있다. 1986년부터 1989년까지 이어진 3저 호황, 그로 인한 주택 가격과 전세 가격의 동반 폭등 그리고 1970년대 강남 개발에서 1980년대 목동, 상계동을 거친 아파트와 도시개발 실험의 성공이 그것이다.

먼저 국민총생산으로 나타난 경제성장과 이를 뒷받침한 수출 실적, 즉 경상수지를 중심으로 거시적 경제 상황을 제시하였다. 특히 경상수지는 국내 자산 시장의 유동성의 주요한 자원으로서 경상수지의 변동과 주택 가격, 주가지수의 흐름은 밀접한 상관관계를 가진다. 1990년대, 산업 고도화를 위한 투자로 인한 무역 적자의 시기와 환위기 이후 원화 평가 절하에 힘입은 무역 흑자의 시기에 자산 가격이 어떻게 변하는지 관찰해 보는 것이 중요한 지점이다. 양도소득의 등락은 자산 가격 변화를 통해 가계가 재산을 축적하는 양상을 보여 준다.

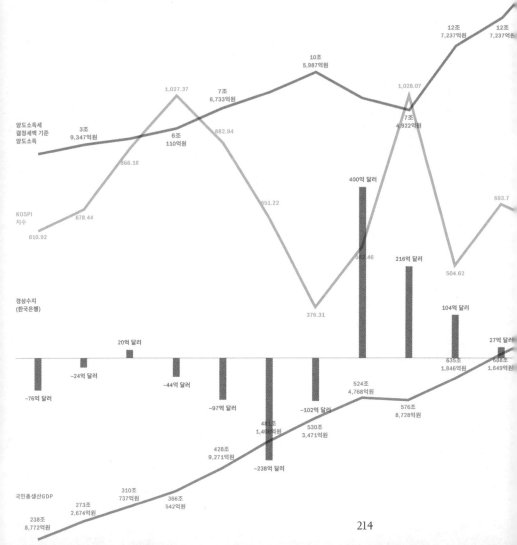

214

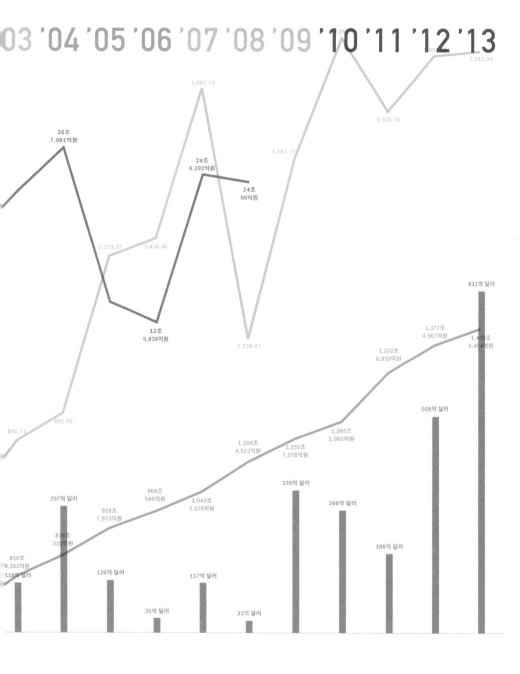

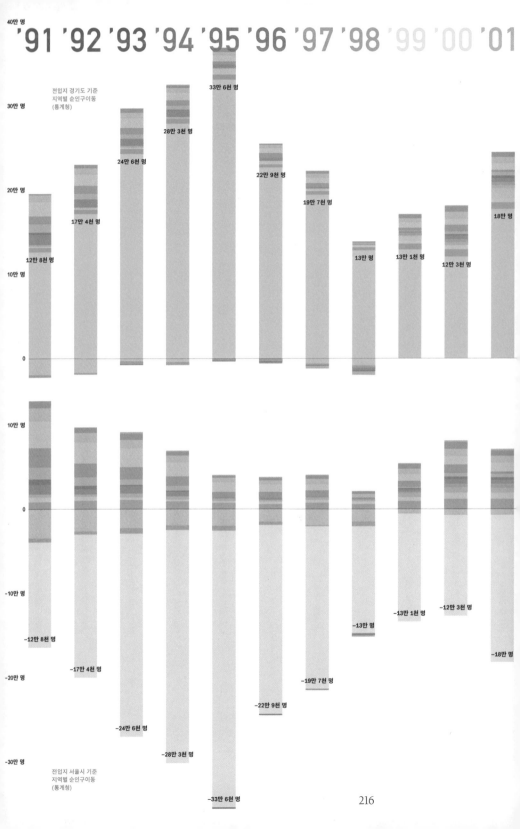

'91 '92 '93 '94 '95 '96 '97 '98 '99 '00 '01

40만 명

전입지 경기도 기준
지역별 순인구이동
(통계청)

30만 명

33만 6천 명

28만 3천 명

24만 6천 명

22만 9천 명

20만 명

19만 7천 명

17만 4천 명

18만 명

13만 1천 명

13만 명

12만 8천 명

12만 3천 명

10만 명

0

10만 명

0

−12만 8천 명

−17만 4천 명

−13만 명

−13만 1천 명

−12만 3천 명

−19만 7천 명

−18만 명

−20만 명

−22만 9천 명

−24만 6천 명

−28만 3천 명

−30만 명

전입지 서울시 기준
지역별 순인구이동
(통계청)

−33만 6천 명

216

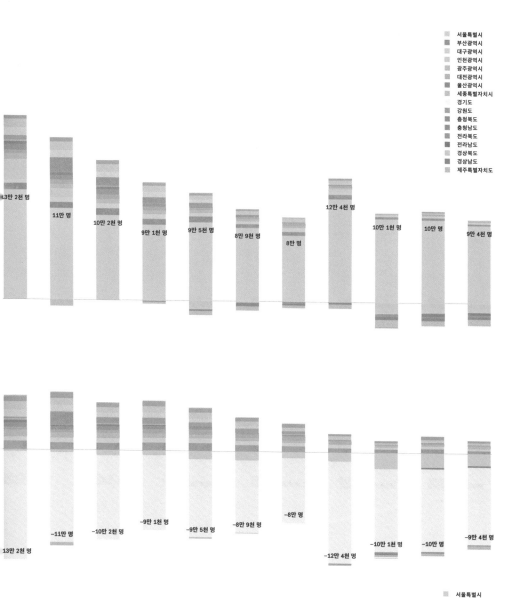

서울특별시
부산광역시
대구광역시
인천광역시
광주광역시
대전광역시
울산광역시
세종특별자치시
경기도
강원도
충청북도
충청남도
전라북도
전라남도
경상북도
경상남도
제주특별자치도

13만 2천 명
11만 명
10만 2천 명
9만 1천 명
9만 5천 명
8만 9천 명
8만 명
12만 4천 명
10만 1천 명
10만 명
9만 4천 명

-13만 2천 명
-11만 명
-10만 2천 명
-9만 1천 명
-9만 5천 명
-8만 9천 명
-8만 명
-12만 4천 명
-10만 1천 명
-10만 명
-9만 4천 명

1기 신도시는 서울로 집중하던 인구를 분산시키는
데 성공했을 뿐만아니라 서울에서 성장한 베이비붐
세대를 중심으로 하는 산업화 세대를 1기 신도시의
아파트 중산층으로 안착시키는 임무를 완수했다. 서
울과 경기도를 중심으로 표현한 인구 이동 상황은 이
변화의 단면을 보여 준다.

서울특별시
부산광역시
대구광역시
인천광역시
광주광역시
대전광역시
울산광역시
세종특별자치시
경기도
강원도
충청북도
충청남도
전라북도
전라남도
경상북도
경상남도
제주특별자치도

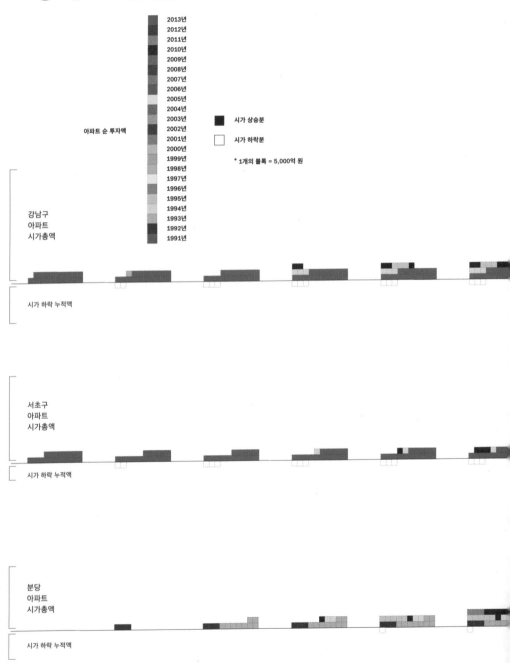

'91 '92 '93 '94 '95 '9[

아파트 순 투자액

2013년
2012년
2011년
2010년
2009년
2008년
2007년
2006년
2005년
2004년
2003년
2002년
2001년
2000년
1999년
1998년
1997년
1996년
1995년
1994년
1993년
1992년
1991년

시가 상승분

시가 하락분

* 1개의 블록 = 5,000억 원

강남구
아파트
시가총액

시가 하락 누적액

서초구
아파트
시가총액

시가 하락 누적액

분당
아파트
시가총액

시가 하락 누적액

이 흐름을 숙지하고 서울과 경기도의 대표적인 아 파트 밀집 지역의 아파트 가격 변화와 시가 총액의 변화를 살펴 볼 것을 권한다. 서울시 강남구, 서초 구, 경기도 분당신도시로 구성된 경부축 상의 아파 트와 서울시 양천구, 경기도 일산과 중동신도시로 구성된 경인축 상의 아파트, 두 그룹을 비교할 수 있 도록 배치하였다. 색이 있는 벽돌은 당해 아파트 건

실에 투자된 금액이며 검은 색 벽돌은 시세가 올라 증가한 아파트 가격을 나타낸다. 두 벽돌의 합이 그 해 해당 지역 아파트의 시가 총액을 나타낸다. 시세 가 하락하면 위 시가 총액에서 하락분을 삭제하고 하락한 부분만 따로 흰색의 벽돌로 아래에 표시하 여 시가 총액의 변동 상황을 참고할 수 있도록 했다.

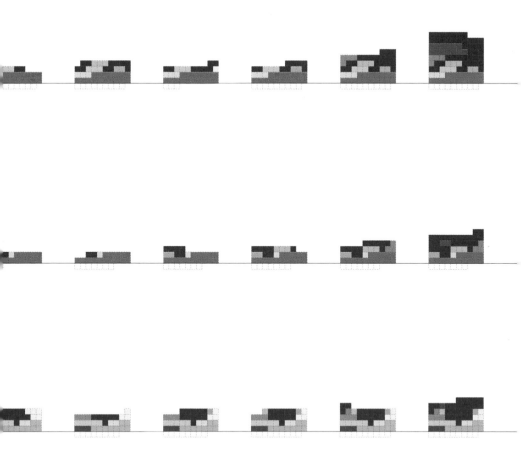

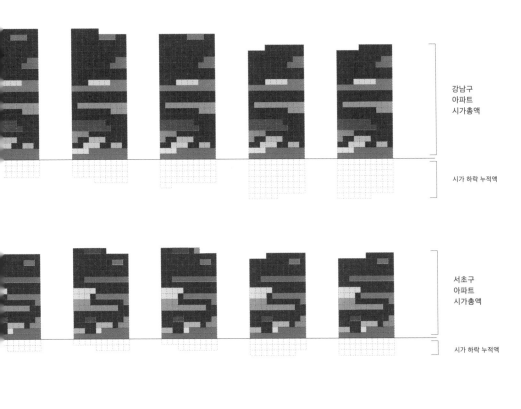

09 '10 '11 '12 '13

강남구
아파트
시가총액

시가 하락 누적액

서초구
아파트
시가총액

시가 하락 누적액

분당
아파트
시가총액

시가 하락 누적액

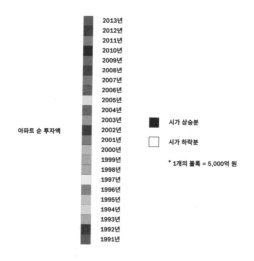

아파트 순 투자액

시가 상승분

시가 하락분

* 1개의 블록 = 5,000억 원

양천구
아파트
시가총액

시가 하락 누적액

일산
아파트
시가총액

시가 하락 누적액

중동
아파트
시가총액

시가 하락 누적액

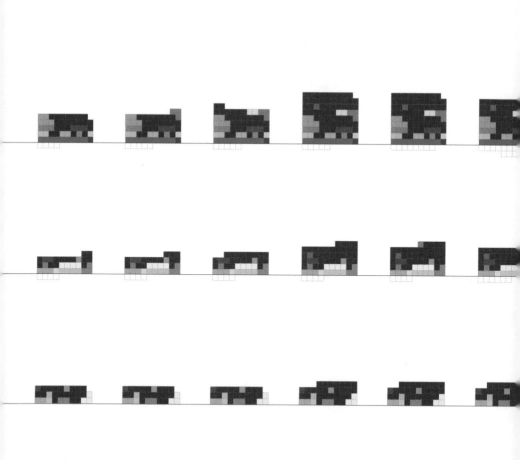

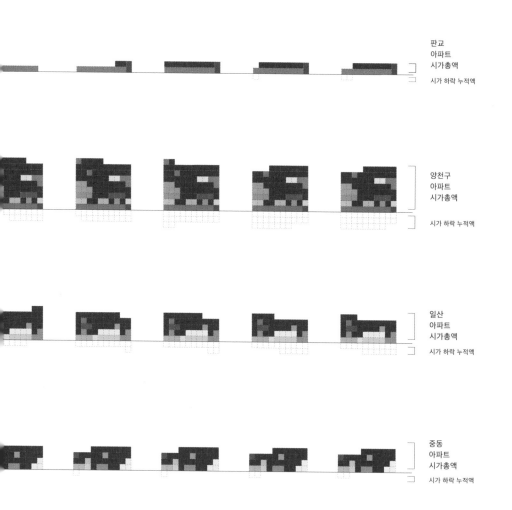

판교
아파트
시가총액

시가 하락 누적액

양천구
아파트
시가총액

시가 하락 누적액

일산
아파트
시가총액

시가 하락 누적액

중동
아파트
시가총액

시가 하락 누적액

탈성장 시대의 건축—유토피아

1

때는 강호가 격랑에 빠진 춘추전국시대, 반전과 박애 사상을 표방한 묵가의 제자들은 중국을 통일해 제국을 이루려는 여러 세력과는 다소 다른 방식으로 전쟁에 임한다. 침략을 위한 공성보다는 수성의 전략과 기술을 우선 훈련한 것이다. 이들 중 혁리는 조나라의 1만 5,000 대군을 맞아 4,000의 병력으로 소도시 양성을 지켜낸다. 이후에도 혁리는 중국 전역을 돌며 진나라의 패권에 맞서 묵가의 신념을 실천하기 위해 고군분투한다. 1990년대 중반 일본과 한국에서 화제를 일으킨 만화(『묵공』) 이야기다. 상업적·비평적으로 큰 성공을 거둔 이 만화는, 소소한 전장의 성과는 거두어도 현실을 조금도 이상에 맞게 바꿀 수 없음에 환멸을 느낀 혁리가 중국 대륙을 떠나 이상향을 찾아나서는 장면으로 끝난다. 황해 앞에 선 혁리가 향한 이상향이 바다 건너 일본이라는 뉘앙스를 강하게 풍겨 논란이 되기도 했다.[1] 그러나 구체적인 장소와 정치체제를 배제한다면, 마지막 장면이야말로 이상향을 둘러싼 근대 이전의 정념이 고스란히 담겨 있다. 기존 질서체계에 대한 불만, 그러나 새로운 체제를 구축할 능력의 결핍, 예정된 좌절과 체념의 서사다.

비슷한 시기 지구 반대쪽 플라톤도 비슷한 고민을 했다. 스승 소크라테스가 민주정 국가 아테네에서 사형당한 뒤, 플라톤은 이상적인 폴리스, 원문대로라면 아름다운 나라(kallipolis)를 꿈꾼다. 『국가』에서 플라톤은 모든 재산, 심지어 아내와 자식마저도 공동으로 소유하고, 철인이 통치하는 국가에 대해서 이야기한다.[2] 후대의 많은 이들이 이 대목을 두고 플

---

1   모리 히데키(森秀樹), 『묵공』(서울문화사, 1998).

2   플라톤, 『국가/정체』(서광사, 1999), 422e.

토머스 모어, 『유토피아』, 1518

라톤 사상에 숨어 있는 전체주의적 사고를 고발하기도 하고, 민주주의 정치체제의 맹점과 사회주의 공동체 사회의 잇점에 대해서 긴 주석을 이어 달았다. 그러나 정치 실험에 실패한 뒤 말년의 플라톤은 그런 나라는 글에서나 존재하는 것이지 지상 어디에서도 실현 불가능하다는 걸 인정하고, 자신의 애초 입장에서 한 발 물러선다. 이상적인 국가는 어디까지나 본(paradeigma)일 따름이다. 만년의 저작 『법률』에서는 인간의 한계, 잘못할 수 있는 인간성의 약점을 전제로 하여, 최선의 나라에 최대한 가까운 나라를 실현하기 위한 법률을 제정하여, 이 법률이 지배하게 하는 나라, 즉 실현 가능한 차선의 나라에 관해 논의하는 것이다.[3]

현실에서 불가능한 곳이기에 유토피아에 대한 상상력이 미치는 곳은 발길이 닿기 힘든 곳으로 뻗어나간다. 『묵공』, 플라톤, 토머스 모어의 『유토피아』 모두 섬을 찾아 떠나는 것도 이 때문이다.[4] 기존 정치제도와 사회 풍습을 전복할 에너지가 충분하지 않을 때, 남은 길은 기존 체제의 나쁜 영향으로부터 고립된 장소를 찾는 것뿐이다. 조선인의 유토피아도 이 구도에서 한 발자욱도 벗어나지 못한다. 아니 오히려 더 현실도피적이다. 인간의 힘으로 이상향을 만들 생각조차 거의 하지 못했고, 이미 존재하고 있는 곳으로 숨는 게 고작이었다. 안평대군의 '몽유도원도'를 비롯해 청학동, 태평동, 이화동 등 조선의 유토피아적 상상력은 현실에서 고립된 곳을 염원한다.[5] 그곳은 왕조가 교체되어도 걱정할 것이 없을 만큼 외따로 떨어져 있는 곳이다. 그곳을 애써 찾아갈 수 있는 방법은 없고, 첩첩산중에서 길을 잃어 헤매다 우연히 발견하는 것이 기본 도식이다. 이곳을 떠났다 다시 돌아가려 해도 도무지 길을 찾지 못한다. 몽상가들이 자신의 꿈을 현실에서 구현할 방법을 손에 쥐기까지는 한참을 기다려야 했다.

2

수많은 다른 것들과 마찬가지로 유토피아를 둘러싼 이념과 실천 역시 근대를 거치며 큰 변화를 겪는다. 왕조의 교체가 아니라 왕을 단두대에 세운 18-19세기의 정치 혁명은 정치

3   플라톤, 『법률』(서광사, 2009), 739b-e. 및 역자 해제 참조.
4   토머스 모어, 『유토피아』(펭귄클래식 코리아, 2008), 112-120쪽.
5   서신혜, 『조선인의 유토피아』, (문학동네, 2010).

적 상상력의 크기를 이전과는 비교할 수 없을 만큼 키웠다. 한편 산업 혁명과 건축·도시의 이데올로기는 커진 상상력을 현실로 옮길 수 있는 도구와 에너지를 제공했다. 역사 이래 처음으로 유토피아를 지상에 건설할 수 있으리라고 확신하고 이를 실천에 옮기는 이들이 등장한 것이다. 건축 비평, 역사, 사회학 등 다방면으로 활동한 루이스 멈퍼드는 플라톤 이래의 서구 유토피아 사상을 추적하는 책에서 19세기를 기점으로 유토피아에 대한 생각이 달라졌음을 지적한다. "자본주의, 조합제, 국가사회주의, 길드사회주의, 협동조합, 공산주의, 생디칼리즘, '단일 거대 노조', 노동조합주의" 같은 19세기에 제기된 개혁적 움직임을 멈퍼드는 고전적 유토피아와 구분해 "당파적" 유토피아로 칭한다.[6] 1차 세계대전의 후유증과 러시아 혁명의 파고가 생생하게 남아 있던 1922년에 펴낸 이 글에서 멈퍼드는 애덤 스미스, 리카도, 프루동, 맬서스, 마르크스 등이 이끈 19세기의 당파적 유토피아는 '일방적인' 개혁 운동이라는 치명적인 결점이 있다고 지적한다. 멈퍼드는 공산주의뿐 아니라 자본주의가 약속하는 장밋빛 미래도 거부했다. 사회와 인간 생활을 유기적인 전체로 이해하고 그 조화를 추구해야 한다고 믿었던 멈퍼드에게 자본주의와 공산주의 모두 확신범들의 편파적인 주장이었다. 혁명과 개혁의 열기가 들끓던 양차 세계대전 사이에, 보수적으로 비칠 수도 있는 그의 생각은 시대에 대한 냉정한 비판이었다. 그러나 우리가 알고 있듯 이후의 전개는 멈퍼드의 기대와 우려를 모두 뛰어넘는 것이었다. 바로 같은 해 르 코르뷔지에는 '300만을 위한 도시 계획안'을 발표해 파리 시민들을 "경악"케 했다. 르 코르뷔지에는 "거의 완벽한 확실성을 경이로운 세계 속에서 통찰"하고 "분석을 통해 새로운 차원의 단계로 나아갔고, 종합을 통해 겨우 머리로 하는 상상 속에서 존재하는 것과는 매우 다른 도시의 유기체에 다다랐다."고 자평했다. 말로만 떠들던 이전의 유토피아 계획과 달리 자신의 안은 곧바로 실천에 옮겨도 아무런 문제도 없는 합리적인 계산의 결과라고 자신했다.[7]

　근대 건축 아방가르드가 지금도 끊임없이 회자되는 까닭도 바로 이 시기에 흡수한 이데올로기 때문이다. 장식 없는 입면과 단순한 형태 같은

6　루이스 멈퍼드, 『유토피아 이야기』(텍스트, 2010), 244쪽.

7　Le Corbusier et Pierre Jeanneret, *Œuvre complete 1910-1929 vol.1* (Paris: Foundation Le Corbusier, 1995) 34쪽.

미학적 이슈와 철과 콘크리트와 유리 같은 재료 및 생산에서 일어난 혁신 때문만은 아니다. 상텔리아, 르 코르뷔지에 그리고 양차 세계대전 사이의 아방가르드는 너나할것없이 유토피아적 열정에 사로잡혀 있었다. 온전히 새로운 물리적 환경을 자신의 힘으로 제작해낼 수 있다고, 환경의 변화가 곧장 인간의 변화를 이끌어낼 수 있다고 믿었다. 이들은 근대의 시작부터 함께한 파우스트 신화의 마지막 구현자들이었다. 인문학이 인문교육을 통한 인간의 도야를 꿈꾼 르네상스 이래의 거대한 프로젝트라면, 아방가르드 건축가들은 가장 소박하면서도 급진적인 인문주의자였다. 그들은 공간이 인간을 바꿀 수 있다고 믿을 만큼 낙관적이었다.

이후의 건축 담론은 이 신화를 해체하거나 재구축하는 데 거의 전적으로 매달려 있다고 해도 과언이 아니다. 아방가르드가 실패한 까닭을 진단하거나, 근대 건축의 과대망상증을 폭로하는 데 집중하거나, 그 유산을 되살리려 하거나, 낙관적인 미래관을 조롱하거나 등등 입장에 따라 진단 결과와 처방전이 다를 뿐이다. 우리는 여전히 유토피아와 동거한 시절의 건축을 온전히 떠날 수 없다.

3

근대 건축의 신화는 한국의 현대건축과도 무관하지 않다. '아키토피아의 실험' 전시가 곧 이 서사를 한국적 문맥에서 재독해·재진술한 것이다. 어떤 의미에서 60년대 이후 한국의 현대건축은 유토피아적 이데올로기를 둘러싸고 국가와 건축이 결탁하고 불화한 역사로 기술될 수도 있다. 같은 유토피아의 열정에 휩싸였다고 해도 한국 건축은 서구의 아방가르드와 근본적으로 다른 행보를 걸었다. 주요한 변수가 국가와의 관계다. 미래파, 구성주의, 신즉물주의 등은 예외없이 이데올로그의 역할을 자처했고 국가를 비롯한 기존 지배체제의 질서의 전복을 추구함으로써 새로운 가치를 실현하려 했다. 러시아 혁명 직후 짧은 기간에 구성주의는 체제 이념이 된 혁명의 대의에 봉사했지만, 종국에는 파국을 맞았다. 아방가르드와 기존 체제나 국가는 물과 기름이었다. 때문에 독자적인 직능과 기율을 가진 (준)자율적 영역으로 건축을 설정하는 서구의 건축사에서 국가의 역할은 부차적이다. 만프레도 타푸리는 국가의 역할이 극적으로 증대한 30년대 이후 이데올로그로서의 건축은 종말을 고했다고 진단했다. 또 케네스 프램턴은 전후 영국에서 브루탈리즘의 탄생을 노동당 정부의 복지국가 정책과 관련을 지으면서도 지극히 소극적인 태도를 취한다.[8] 전후 복지국가와 건축이나 도시계획의 관계는 그간 거의 아무런 주목을 받지 못했다. 건축물은 개별 건축가의 작업이나 문화적 현상이었지 국가 행정과 사업의 복합체로 인식되지 못했다.[9]

한국은 사정은 사뭇 다르다. 김수근은 독자적으로 계획자의 자리에 설 수도, 또 체제에 반하는 이데올로그의 역할을 떠안을 수도 없었다. 오히려 국가의 이데올로기를 경유해서만 유토피아적 계획의 청사진을 그릴 수 있었다. 이는 건축가 김수근의 개인적 성취와도 무관하지 않다. 박정희 정권은 경제개발계획을 원활히 수행하기 위해 국가 독점개발사나 다름없는 종합기술용역업체인 '한국종합개발공사'를 1965년 출범시킨다. 김수근은 이 업체의 핵심 인물이었다. 한국종합개발공사의 공식 기록에 따르면, "김종필 의장은 대만에 국영기술용역업체가 있는 것을 보고 그가 평소 알고 지내던 당대 제1의 건축예술가 김수근의 조언을 참고하여 건설기술의 획기적 발전을 통해서 국가경제 발전을 가속화할 목적으로 건설기술용역업체를 설립하려는 구상을 세웠다. 김종필 의장은 박정희 대통령과 논의하였고, 그 내용을 석정선(당시 중앙정보부 차장)에게 설명하고 실천방안을 마련할 것을 지시하였다."[10] 김수근은 이 회사의 2대 사장을 역임한다. 당대의 현실에 비추어보면 세운상가 이상으로 기적이라고 해도 과언이 아닌 1967년 창간된 『공간』의 초대 발행인 석정선이기

8   Manfredo Tafuri, *Architecture and Utopia* (Cambridge MA: MIT Press, 1972) 48-49쪽; Kenneth Frampton, *Modern Architecture: A Critical Architecture* (London: Thames and Hudson, 1992) 262-268쪽.

9   이와 관련된 연구는 이제 시작 단계에 있다. 최근 성과로, Mark Swenarton, Tom Avermaete and Dirk van den Heuvel ed. *Architecture and the Welfare State* (London: Routledge, 2015)가 있다.

10   『한국종합기술개발공사 삼십년사』(한국기술개발공사, 1993), 71쪽. 김수근과 서울대학교 토목과를 졸업하고 포철회장을 역임한 정명식(3대 사장)을 제외하고는 박창원, 백선진, 이규학, 박현수, 백문 등 모두 예비역 출신 장성이 1-11대 사장을 역임했다.

도 했다. 국가와 건축의 얽힘은 김수근 개인의 일이 아니라 한국 현대 건축의 존재 조건이었다. 세운상가의 비시의성은 국가의 역할 없이는 설명할 수 없다. 메타볼리즘이나 부르탈리즘이 안착할 어떤 문맥도 존재하지 않았을 뿐 아니라, 급격히 증가한 도시민을 수용하던 주거 형태가 여전히 한옥이던 1967년, 서울 도심 한복판을 가로지른 거대한 콘크리트 덩어리는 건축가-국가-이데올로기의 복합체이다. 한국 현대 건축사에서 유토피아를 설정할 수 있다면, 적어도 80년대 말까지는 국가의 적극적인 개입과 매개를 전제하고서만 가능하다. 60년대 중엽부터 지어진 전국의 산업도시와 배후 주거단지, 아파트 단지 등은 토건이란 이름으로 폄하되긴 하지만, 단일한 사회계급으로서의 중산층 만들기 프로젝트와 유토피아적 열정에 휩싸여 있기도 했다. 개발 독재 시절의 대규모 사업에는 동원과 강제만이 아니라 낙관적 미래에 대한 집단적 환상—지속적인 경제성장 그리고 국가의 발전이 곧 개인의 발전으로 이어질 것이라는—이 함께했다. 돌이켜보면 전체주의적이라고 비난받아온 20세기의 여러 기획들은 자본주의와 사회주의의 경쟁구도 속에서 사회적 불평등을 억제하기 위한 장치이기도 했다. 자본주의가 신자유주의로 물꼬를 틀고 사회주의 블럭이 종언을 구한 시점과 건축이 사회적 역할에서 물러나 자본의 흐름에 적극적으로 동참하는 시점이 거의 정확히 일치하는 것은 우연이 아니다.

4

신도시 분당의 신도시로 경부고속도로의 서쪽에 자리한 서판교 택지지구는 2009년부터 입주가 시작되었다. 건축과 유토피아의 결합을 이야기해야 하는 관점에서 이 시점은 절묘하다. 개발 신화는 경제를 허약하게 만든 근본 원인으로 의심받고, 1997년 IMF와 2008년 세계 금융위기라는 두 번의 파고를 겪고 난 다음의 일이다. 한반도에 사람이 살기 시작한 이래 처음으로 장기적 인구가 줄어드는 때, 해방 이후 처음으로 낙관적 미래를 꿈꾸는 이보다 부정적 미래를 예측하는 이가 많아진 때, 생애 전망이 국가의 경제성장률과 무관할 수 있음을

232

처음 자각하기 시작하는 때, 지속적인 경제성장이 불가능할 수 있음이 실 감나기 시작하는 때 유토피아는 어떻게 작동할 수 있을까?[11] 이때 가능한 유토피아는 어떤 것일까? 비교적 얼마 전까지 경제의 지속적인 발전을 의 심하는 이는 거의 없었다. 한국의 좌파와 우파에 유일한 공통분모가 있다 면 성장에 대한 환상과 아파트 불패에 대한 믿음이었다. 진보와 발전이 의 심받지 않았기에 미래를 향해 투사할 수 있었다. 반면 지금은 미래가 폐색 된 시대다. 슬라보예 지젝의 지적대로 우리는 환경오염에 따른 생태계의 파국이나 소행성 충돌로 인류의 문명이 석기시대로 돌아가는 것은 상상 할 수 있어도, 현재의 민주주의-자본주의를 넘어서는 정치경제적 체제를 그리지는 못한다. 판교는 바로 이 시절에 태어났다.

판교는 2003년 시작된 신도시 개발계획과 함께 시작한다. 거슬러 올 라가면 1970년 완공된 경부고속도로, 1988년 판교-구리선을 시작으로 2007년 완전 개통된 서울외곽순환 고속도로 등의 인프라를 바탕으로 한 다. 1기 신도시 중에서 부동산 가격이 가장 급증한 지역인 분당 안에 고급 주거지를 만들겠다는 국가와 지방자치단체의 철저한 정치경제적 고려로 탄생한 것이다. 그러나 자본과 권력의 거시적 토지 이용 계획과 달리 판교 에는 유토피아적 마스터플랜이 존재하지 않는다. 누구도 이 도시가 어떤 모습으로 그려지길 규범적으로 그리지 않았다. 플라톤의 철인국가든, 토 머스 모어의 유토피아든, 푸리에의 팔랑스테르이든, 프랭크 로이드 라이 트의 브로드에이커시티든, 매트릭스의 아키텍트이든 모든 이상도시 계 획에는 언제나 설계자가 존재한다. 이 설계자를 어떻게 평가하는지는 모 던과 포스트모던이 나뉘는 중요한 기준이다. 개별 건축물의 디테일에서 전체 계획의 이데올로기와 삶의 조건까지 관장하는 인물, 모든 것을 꿰뚫 어보는 시점의 소유자는 근대적 이상의 화신이다. 건축에서 포스트모더 니즘은 이 마스터플래너를 전체주의자로, 유토피아를 억압의 기제로 기 각하는 것에서 시작한다고 해도 과언이 아니다.[12] 포스트모던을 거치면 서 마스터플래너와 자신을 동일시하는 이들은 자취를 감추었다. 물론 이 는 시대적 감수성의 차이인 동시에 세대적 감수성의 차이이기도 하다. 90

11 탈성장 시대를 맞이한 한국 건축의 변화에 대해서는, Junghyun Park, "Korean Architecture in the Age of Post-growth" in *Out of the Ordinary* (Copenhagen: The Architectural Publisher B, 2015), pp. 80-83.

전몽각, 「경부고속도로」, 1968, 한미사진미술관 소장.

년대 이후 한국에서도 김수근의 여의도종합개발계획 같은 야심만만한 프로젝트는 찾아보기 힘들다. 예외가 있다면 도시설계가로 자청하는 김석철(1943년생) 정도다. "도시설계는 역사와 승부하는 일"이라고 말하며 '한반도 그랜드 디자인' 같은 거대한 계획을 쉬지 않고 발표하지만 건축계의 반응은 냉담하다. 한국 현대건축 담론에서 이런 류의 계획은 이론적 실효성을 쉽게 인정받지 못한다. 실제로 국가와 민족, 진보와 발전의 언저리에서 여전히 머물고 있는 그의 언어는 회고적이다. 다음 세대의 생각은 크게 달라진다. 모더니즘의 파토스와 포스트모더니즘의 에토스를 지닌 4·3그룹 세대는 의식적으로 마스터플랜과는 거리를 둔다. 이들은 파주출판도시에서 마스트플랜을 지양한 것을 자랑스럽게 이야기한다. 모든 것을 미리 규정하는 대신 기능과 공간이 느슨하게 엮인 "불확정적 공간"을 내세운다. 물론 이는 파주출판도시 계획이 전부터 승효상 등이 말하던 내용이 도시적 스케일로 확장된 것이다. 그들은 불확정성을 모더니즘의 기능주의에 대한 처방으로 여긴다. 승효상과 함께 파주출판도시에 깊이 관여한 플로리안 베이겔의 스케치는 완벽한 장악은 거부하지만 계획의 부재 역시 참기 힘든 건축가의 에고를 반영하고 있다. 이들의 이론적 입장이 유효한지를 묻는 것은 이 글의 범위를 벗어나는 것이지만, 분명한 사실은 이상적 도시 계획을 둘러싼 건축가의 입장과 태도가 국내에서도 급변했다는 점이다. 이제 누구도 마스터플래너를 자처하지 않는다.

5

모든 이름이 사라진 장소가 서판교이다. 서울의 일부를 제외하고는 전국에서 가장 자본이 집중된 주거지라고 해도 좋을

12 미국 세인트루이스의 공공 주거 단지계획이었던 프루이트 아이고의 성공과 실패의 서사는 포스트모더니즘의 도래를 공표하기 위해 동원된 완벽한 희생양이었다. 건축의 포스트모더니즘을 널리 알린 최초의 책 가운데 하나인 찰스 젱크스(Charles Jencks)의 『포스트-모던 건축의 언어(*The Language of Post-modern Architecture*)』(New York: Rizzoli, 1977) 첫 장의 첫 이미지가 폭파되는 프루이트 아이고이다(8쪽). 이듬해 출간된 콜린 로우(Colin Rowe)의 『콜라주 도시(*Collage City*)』(Cambridge MA: MIT Press, 1978)에서도 프루이트 아이고 폭파 이미지는 책의 제일 첫 부분에 등장해 논의의 정당성을 보증한다(7쪽). 1937년 뉴욕에 착륙하다 폭발하는 비행선 힌덴부르크호의 폭발 장면, 9·11 테러로 무너지는 쌍둥이빌딩 등과 함께 프루이트 아이고 폭파 이미지는 끊임없이 반복되어 사용되는 대표적인 참사 이미지다.

이곳에서 부유하는 건축가의 이름을 찾을 수 없다. 마스터플래너의 빈자리를 대신하는 것이 지구단위계획이다. 물론 용역을 받아 연구를 수행한 건축가는 존재한다. 그러나 '공동체'란 개념 아래 완성한 그 내용은 피상적이고 이름은 익명에 가깝다. '국토의 계획 및 이용에 관한 법률'에 따른 지구단위계획은 "토지 이용을 합리화하고 그 기능을 증진시키며 경관·미관을 개선하고 양호한 환경을 확보하며, 당해 구역을 체계적·계획적으로 개발, 관리하기 위하여 건축물 그밖의 시설의 용도, 종류 및 규모 등에 대한 제한을 완화하거나 건폐율 또는 용적률을 완화하여 수립하는 계획이다". 환경 개선을 위한 정교한 지침이자, 소극적 규정보다는 적극적 금지로 가득찬 '하여야 한다'와 '해서는 안 된다'의 체계다. 자신의 이상을 투사하는 것이 거의 원천 봉쇄된 판교에서 건축가들은 여러 금지 조항을 피해 정체성을 드러내는 데 여념이 없다. 판교는 지난 수십년 간 이어져온 한국의 아파트 신화를 배경으로 하지 않고서는 이해할 수 없는 곳이다. 한국 사회에서 아파트에서 벗어나는 것은 절대다수가 바라는 안전한 선택지, 위치와 크기에 따라 정확히 매겨지는 투명한 가격, 환금성 보장 등을 포기하는 일이나 마찬가지다. 아파트 신화가 서서히 붕괴하고 있기는 하지만 지금도 크게 다르지 않다. 주택은 다수의 욕망에서 자신의 욕망으로 이행하는 일이나 마찬가지다. 비유컨대 초자아가 사라진 욕망이다. 때문에 판교를 둘러싼 중산층의 욕망은 철저히 자신에게 충실하다. 타자의 시선과 환금성이란 경제 논리에 강박되었다가 풀려난 이들이 여태까지 억눌린 데 대한 보상이라도 받으려는 듯 자신의 취향과 욕망을 아낌없이 발산한다. 신도시 단독주택은 아파트의 배다른 형제인 셈이다. 판교를 비롯해 신도시 단독주택 단지의 '무질서'는 하나의 잣대를 거부한다. 지구단위계획의 지침은 이 앞에서 한순간에 무기력해진다.[13] 건축가가 자신의 존재를 증명하기 위해 애쓰는 것은 마찬가지지만, 판교의 주택은 파주의 업무시설과는 완전히 다르다. 파주에서는 코디네이터가 건축가의 선정 등에도 개입하는 데 반해, 판교는 철저히 시장의 논리에 맡겨져 있다.

13 박정현, 「중산층의 욕망과 공공성의 환상」, 『SAPCE』 569호 (2015년 4월), 84쪽.

　　판교가 2010년 이후 폭발적으로 늘어난 단독주택 시장의 최전선으로 부상하며 몇몇 건축가들에게 기회의 땅이 되었지만, 그들의 이름으로는 판교를 어떤 식으로도 표상하지 못한다. 오히려 그들은 판교 주택 시장에서 호출되는 상품 생산자에 가깝다. 때문에 판교는 건축의 유토피아인 동시에 무덤이다. 중산층과 건축가의 취향과 욕망은 판교를 건축의 전시장으로 만들지만, 어떤 건축도 자신의 처한 대지를 벗어나 영향력을 발휘하지 못한다. 제각각 독자적인 이유로 서 있는 신도시 주택지에서 하나의 건축물은 무기력하다. 한국의 현대 건축은 옛 동네를 없애는 데는 익숙하지만, 아파트 단지를 제외하고는 새동네를 만들어본 적은 없다. 토건족과 시행사의 탓이라는 변명도 건축의 무능함을 드러낼 뿐이다. 판교의 주택들은 이런 사실을 직감적으로 이해하고 있는 듯하다. 어쩌면 판교야말로 성장이 멈춘 시대, 감가상각의 예외였던 아파트도 가격이 떨어지는 시대가 빚어낸 '불안한 시대의 집단적 환상'이다. 유토피아가 아니라 아키토피아인 까닭도 이곳에서 즐거운 것은 제각각 홀로 자족하는 건축뿐이기 때문일 것이다.

신경섭, 「Scrutable Landscape Series No.018」, 2014.

246

황효철, 「유형을 보다」, 2013-2014.

단독주택의 변천사: 안암동에서 판교를 거쳐 지동까지

단독주택의 간략한 변천사

아마 나 자신이 옮겨 다닌 주택의 궤적이 한국의 주거형태의 변천을 압축, 요약하고 있지 않나 싶다. 나는 1961년 서울 성북구 안암동의 20평짜리 한옥에서 태어났다. 내가 살던 골목에는 같은 크기와 모양의 한옥들이 쭉 줄지어 있었다. 우리 집 맞은편에는 역사학자 홍이섭 선생이 사셨고 골목 끝에는 서울대 미대 교수였고 디자인계의 원로 민철홍 선생이 사셨다. 그분들 가족과는 다 가족이 되거나 친구 사이가 맺어졌다. 홍이섭 선생댁과 우리 집은 사돈을 맺었으며 민철홍 선생의 딸은 나와 초등학교 동창이었다. 내가 미술에 눈뜬 것도 그 댁에 놀러갔다가 벽에 걸린 선생의 그림을 보고 큰 울림을 받았기 때문이다. 이런 식으로 인연이 안 맺어지는 게 이상할 정도로 좁은 골목길에 옴닥옴닥 모여 살았다. 요즘 교수가 20평짜리 단독주택에 사는 일은 없을 것이다. 아마 요즘 교수들의 평균 주거형태는 30-40평대 아파트가 아닐까 싶다. 당시 안암동에는 유명 연예인도 좀 살았는데 지금의 돈암동 성당 옆 골목에 있는 큰 2층집이 코미디언 구봉서의 집이라고 사람들이 수군거렸다. 나중에 이 집은 구봉서의 집임이 확인됐는데, 어느 날 차에서 키가 아주 작은 사람이 내리더니 대문 앞에서 "봉서야!"하고 소리쳐 불렀기 때문이다. 그 키 작은 사람은 송해였다.

1971년 우리 가족은 정릉동의 대지 60평 건평 50평의 2층 양옥으로 이사 간다. 집값은 안암동 한옥보다 약 세 배가 나가는 집이었다. 그래봤자 안암동 한옥 값이 250만 원이었다. 당시 정릉동은 그래도 유서 깊은 동네였다. 지금의 정릉동이야 재개발이 이루어지면서 아파트가 들어서고 인구가 갑자기 늘어 그때의 정체성을 상실한 채 부천, 일산, 분당 등 신도시와 크게 위상이 다르지 않게 됐지만, 1970년대 정릉동에는 유명 연예인도 살고(정릉4동 언덕 위에 개성 있는 양옥들이 줄지어 있었는데 사람들은 그중 하나가 김지미 집이라고들 했다. 실제로 그것이 김지미 집인지는 확인해보지 못했다) 대학교수들도 살았다. 북악스카이웨이 부근에는 '교수 단지'라는 주택 단지가 있을 정도였다. 지금 그곳에는 온통 아파트들이 들어서서 옛날의 모습을 알 수 있는 정체성은 사라지고 없다.

정릉동의 특징은 외부와 고립된 분지라는 점이었다. 우선 정릉동을 가려면 어느 방향에서 가든 고개를 넘어야 했다. 서울시내에서 바로 가려면 아리랑고개를, 좀 돌아서 가자면 미아리고개를 넘어야 했고, 서쪽에서 접근하자면 북악터널을 지나야 했다. 지금 북악터널은 굴이 두 개지만 옛날에는 하나밖에 없어서 교통체증이 심했다. 아리랑고개도 정체가 심했는데 지금은 왕복 4차선의 대로가 뚫려버렸다. 그 아리랑고개 덕에 정릉동은 시내로부터 고립된 독특한 정체성을 가지게 됐다. 분명히 정릉에는 인근 돈암동이나 미아리와는 다른 독특한 분위기가 있었다. 뒤에 북한산이 버티고 있어서 그랬는지도 모른다.

안암동과 정릉동 주택들의 공통점은 좁은 골목길에 있었다는 점이다. 골목길에서는 많은 일이 벌어졌다. 기억에는 없지만 내가 처음으로 걸음을 뗀 곳이 안암동의 골목이었을 것이다. 그곳에서 나는 숨바꼭질을 했고, 다방구를 했고, 사나운 개를 피해서 콘크리트로 된 쓰레기통에 올라갔고, 똥 푸는 아저씨들이 온 골목에 냄새를 풍기며 재래식 변기에서 변을 퍼갔다. 그리고 다양한 장수들이 골목을 오갔다. 연탄을 주연료로 썼기 때문에 연탄광에는 연탄 부스러기가 남았는데, 그것들을 모아서 다시 틀에 넣고 찍어 연탄을 만들어주는 사람이 가끔 왔다. 가발 만들 머리카락 모으는 사람, 시장에서 빈대떡 재료로 쓸 신김치를 사 모으는 사람, 수레에 양은그릇을 잔뜩 얹고 팔러 다니는 사람이 오갔다. 가위를 철컹거리는 엿장사가 주기적으로 골목을 방문했지만, 가장 반가운 사람은 종을 댕그렁 댕그렁 울리며 신선한 두부를 팔던 아저씨였다. 수레에 실린 신선한 두부의 고소한 내음을 잊을 수 없다. 당시에는 두부를 신문지에 싸서 줬기 때문에 두부에 이런저런 기사들이 찍히곤 했지만 1960년대에 그쯤은 아무 문제가 아니었다. 그리고 골목에서 아이들은 각양각색의 스포츠를 즐겼다. 축구는 수시로 했고 야구도 했으며 자치기 같은 토속적인 종목도 즐겼다. 연탄재를 던지면서 '전쟁'이라는 것을 하기도 했다.

정릉의 양옥집을 30여 년이나 고쳐가며 사시던 부모님은 결국 2005년 경기도 용인시 수지에 대기업에서 새로 지은 아파트로 이사 가셨다. 서울시민이 졸지에 경기도민이 된 것이다. 그런데 이런 변화는 예외적인 것이 아니었다. 부모님이 사는 수지의 아파트 단지에는 옛날에 성북구에 살던 사람들이 많이 이사 와 있었다. 심지어는 같은 단지에 나의 초등학교 동창이 살고 있었고 옆 단지에 또 다른 동창이 살고 있었다. 그러니까 희한하게도 1970년대에 성북구 안암동, 돈암동, 정릉동 일대에 살던 비슷한 계급과 신분의 사람들이 대거 수지로 이사를 온 것이다. 분당으로도 많이 갔을 것이다. 이런 변천의 이유는 알 수 없지만 짐작해보건대 당시 성북구에 살면서 비슷한 소득 수준과 교육 수준을 가진 사람들은 성북구가 더 이상 옛날의 삶의 형태를 유지하면서 살 수 있는 동네가 아니라고 판단한 것 같다. 옛날에는 정릉에 산다고 하면 참 좋은 동네에 산다는 말을 많이 들었다. 그러나 지금 정릉동은 그냥 아파트만 많고, 어디서 왔는지 알 수도 없는 사람들이 오로지 경제적 가치만 보고 대거 흘러들어 사는 동네일 뿐이다. 오히려 분당이나 일산 같이 생긴 지 좀 돼서 연조가 있는 신도시 보다도 길거리의 분위기가 천박한 동네가 되고 말았다. 그래서 나의 부모세대는 정릉동 엑소더스를 택한 것 같다. 그래서 안착한 곳이 분당, 수지였던 것이다.

나는 경기도 의왕에 있는 직장을 따라 2005년에 오피스텔로 이사해서 지금껏 살고 있다. 결국 안암동의 인정 넘치는 한옥 동네에 살던 우리 가족은 전부 경기도 여기저기로 흩어져서 대기업이 지은 공동주택에 몸을 담게 된다. 그리고 내가 살던 안암동의 한옥과 정릉동의 양옥도 형태가 완전히 바뀌어, 가끔 그 동네에 가봐도 내가 살던 집이 어디였는지 알 수 조차 없게 변해버렸다. 그렇게 해서 내 삶에서 단독주택은 사라진다. 우리 가족이 의도한 것은 아니지만, 현대 한국의 주거 변천사에서 단독주택이 사라지고 있는 흐름에 우리 가족도 동참한 꼴이 되고 말았다.

단독주택의 사라짐 = 주거의 근대화?

우리 가족이 정릉동에 살고 있던 무렵부터 한국의 골목길에서 단독주택은 빠른 속도로 사라지고 있었다. 좁은 골목의 집들은 전부 용적률이 허용하는 한 4, 5층짜리 연립주택이나 빌라로 바뀌었고 골목의 풍경도 바뀌었다. 골목길은 더 이상 어린이 놀이터가 아니라 차가 지나가게 빨리 비켜줘야 하는 통로가 돼버렸다. 골목에서 축구나 자치기를 하는 아이들도 다 사라져버렸다. 대체 다 어디 간 것일까? 일부는 나이가 들어서 그런 놀이를 더 이상 하지 않았고, 일부는 방구석에 틀어박혀 컴퓨터 게임에 몰두하게 됐다. 단독주택이 밀집해 있는 지역은 아예 통째로 재개발되어 아파트 단지가 들어서 원래의 자리 조차 알아볼 수 없게 변해버렸다. 흡사 폭격을 맞은 듯했다. 이런 변화의 주된 요인은 말할 것도 없이 순전히 경제적인 것이었다. 단독주택보다 고층 아파트가 더 아름답다거나, 연립주택에 사는 것이 더 쿨하다는 이유라면 덜 서운하겠으나 같은 면적에 집을 한 층만 짓는 것보다는 위로 잔뜩 쌓아서 많이 지어야 돈이 된다는 순 경제적인 이유가 우리의 주거형태를 바꾸는 주된 동력이라는 사실은 슬프다. 그것은 마치 스타일이나 개성이나 정체성은 상관없이 오로지 가장 경제적이기 때문에 어떤 옷을 입는 것과 같은 일이다. 우리가 삶에서 오로지 경제적인 것만 따질 정도로 가난하지는 않지 않은가?

그래서 단독주택은 도시의 삶에서 급격히 내몰리는 주거의 형태가 됐다. 판교에서 환생할 때까지는 말이다. 20세기 말에 사라진 단독주택은 21세기가 되자 서울 시내가 아니라 경기도의 새로운 개발지구인 판교에 되살아난다. 주거의 원형인 단독주택이 무의식 속 깊숙이 감춰져 있었나 보다. 그러나 세월이 흐르는 동안 단독주택은 많은 것을 잃어버렸다. 내가 살던 안암동과 정릉의 단독주택은 자연스레, 저절로 생긴 것들이다. 인간이 만든 것이니 완전히 자연스럽게 생겨난 것은 아니겠지만 적어도 오늘날의 LH공사, 옛날에는 대한주택공사 같은 어떤 기업이 나서서 인위적으로 조성한 집이나 단지는 아니라는 말이다. 사람들 사이의 정과 인연도 좁은 골목에 모여 살다보니 저절로 형성된 것이다. 오늘날 인터넷 커뮤니티에 목적성을 가지고 만나듯이 생겨난 것이 아니다. 그리고 무엇보다도 옛날의 단독주택들은 디자인된 것이 아니다. 이 점에 대해서는 안암동의 한옥과 정릉동의 양옥이 좀 다르다. 한옥에는 디자이너가 없다. 그냥 옛날부터 흘러내려온 양식일 뿐이다. 사실 엄격히 말하면 전통 한옥은 아니고 개량 한옥이라고 불러야 할 것이다. 대개 외벽은 산업화되고 규격화된 타일로 마감돼 있고 골목에도 비슷한 공정으로 만든 보도블록들이 깔려 있었다. 정릉동의 양옥에도 디자인은 없지만 한옥보다는 머리를 써서 만든 냄새가 많이 난다. 외벽은 울퉁불퉁한 화강석으로 마감 처리를 하고 옥상에는 납작한 슬라브 지붕을 얹은 주택은 아마 한국에만 있는 양식이 아닌가 싶다. 대개 이런 집을 '집장사 집'이라고 불렀다. 집장사, 즉 주택업자가 똑같은 디자인으로 찍어내듯이 집들을 지어서 팔았기 때문이다. 그걸 디자인이라고 부르면 디자인이라 할 수 있다. 지금도 서교동 골목에서 그런 집을 볼 수 있다.

  하지만 그런 집들은 오늘날 판교의 단독주택들이 디자인되는 방식과는 완전히 다르다. 판교의 단독주택들은 고도로 디자인된 집들이다. 오늘날 우리의 삶을 채우고 있는 사물들과 정보들은 고도로 디자인돼 있다. 디자인 돼 있지 않은 자동차란 상상할 수 없다. 여기서 디자인이란 어떤 전문가의 합목적적인 행위를 말한다. 즉, 어떤 자동차를 만들겠다고 설정해놓고 그 설정에 맞는 형태와 기능을 찾아나가는 행위가 디자인이다.

반면 옛날 내가 살던 한옥은 누구도 디자인하지 않았다. 그 덕에 그 한옥에 살기 위해 디자이너 혹은 건축가에게 돈을 줄 필요는 없었지만, 그 대신 오늘날 주거에 필요한 요소들이 빠져 있는 불편한 형태에서 살아야 했다. 당시에는 사물의 얼개를 잘 살펴보고 문제가 어디 있나 짚어낸 다음 의사가 하듯이 고쳐야 할 부분을 세심하게 고쳐내는 식의 디자인은 없었다. 당시에는 리모델링 같은 단어가 대한민국에 존재하지도 않았다. 전통 한옥에서 가장 불편한 부분은 부엌일 것이다. 우선 부엌은 방에서 완전히 분리되어 설치돼 있다. 당시 부엌에는 남자는 절대로 들어가지 않았기 때문에 모든 부엌일은 오로지 여자가 담당했다. 일단 밥상을 차리면 통째로 들고 높디 높은 부엌 문지방을 넘어서 바깥으로 들고 나와야 했다. 그리고 나서 또 높디 높은 문지방을 넘어서 신발을 벗고 마루에 내려놓은 뒤 안방 문을 연 다음 안방에 상을 들여 놓는다. 밥 먹는 도중이라도 뭔가가 필요하면 여자는 연신 높은 문지방을 다시 타고 넘어 부엌에 갔다 와야 했다. 당시의 가부장들은 손 하나 까딱하지 않고 그 불편한 부엌에서 노동하는 여자들의 수고를 즐겼다. 우리 집의 경우는 그런 수고를 덜기 위해 부엌과 안방 사이에 사방 1미터 정도 되는 창을 뚫은 것이 디자인 개량의 전부였다. 생각해보면 부엌과 안방을 가르고 있는 것은 벽 하나였다. 그것만 없애면 여자의 노동은 훨씬 쉬워질 수 있는 것이었다. 그러나 한옥집에서 부엌과 안방 사이의 벽을 통째로 없앤다는 생각은 당시로서는 너무 급진적이었고, 우리가 할 수 있는 일은 그 사이에 자그마한 창을 내는 절충뿐이었다.

전통 한옥의 문은 전부 얇은 창호지를 붙인 것이 전부였다. 어른들은 종이가 습도 조절을 해주므로 전통 한옥의 문이 환경적으로 좋은 거라고 하지만 그건 고통스러운 기억을 삭제하고 나서 하는 얘기다. 종이 한 장이 열을 얼마나 품어주겠는가. 그건 안과 밖의 개념적인 경계였을 뿐 방을 따뜻하게 하는 데는 아무 도움이 안 됐다. 옛날 사람들은 그냥 냉방에 살았다. 거기에는 낭만적으로 생각할 요소가 전혀 없다. 당시의 온돌은 아랫목은 뜨끈뜨끈해서 이불이 탈 정도였지만, 그 열이 좁은 방의 구들을 골고루 덮혀주지 못했기 때문에 윗목은 냉방이었다. 그래서 자려고 누우면 등은 뜨거운데 코는 시려운 극도의 불균형에 시달려야 했다. 당시의 온돌을 잘 디자인해서 열이 골고루 퍼지게 개조하면 훨씬 따뜻한 겨울을 날 수 있으련만 1970년대에는 그런 식의 디자인 개념이 없었다. 우리 집은 마루문에 유리문을 덧대고, 문풍지를 문에 붙여 찬바람이 덜 들어오게 한 것이 전부였다. 그 문들을 전부 보온성이 좋은 나무문으로 바꾼다는 래디컬한 생각 자체를 할 수 없었다. 아마도 '한옥의 형태는 이러이러해야 한다.'는 선입견 혹은 패러다임이 강하게 우리 식구의 머리를 짓누르고 있었던 것 같다. 얇은 창호지 문은 각 방 사이의 프라이버시를 보호해주지 못한다는 점은 말할 것도 없다. 그래도 그런 주거 형태에서 사람들이 군말 없이 살았던 이유는 1970년대에는 프라이버시라는 단어가 거의 쓰이지 않았기 때문이다. 프라이버시의 개념이 없었으니 그게 없어서 불편할 일도 없었던 것이다. 방과 방 사이만이 아니라 집과 집 사이에도 프라이버시가 없었다. 20평짜리 집들이 다닥다닥 붙어 있는데 프라이버시가 있을 리 없다. 그래서 나는 옆집 친구와 담 너머로, 엄밀히 말하면 집 너머로 대화를 하곤 했다.

전통 한옥에서 불편함의 클라이맥스는 화장실이라 할 수 있다. 화장실은 집의 제일 끝에 떨어져 있었으며 수세식이 아니었다. 그리고 화장실에는 난방이 되지 않았다. 그래서 겨울이면 화장실을 쓰는 것이 고역이었다. 여름에는 악취와 구더기와 싸워야 했다. 그래서 또 고역이었다. 오늘날의 화장실에는 이 두 가지 고역이 없지만 나는 안암동 한옥에서 오늘날의 화장실 형태를 끝내 보지 못하고 이사 나왔다. 사실 이런 요소들은 디자인으로 해결할 수 있는 것이나 당시에는 '디자인을 해서 불편함을 고친다'는 패러다임은 존재하지 않았다.

그러나 안암동에서 부재했던 디자인의 패러다임은 부모님이 정릉동으로 이사 가시면서 판도라의 상자가 열린 듯 갑자기 나타나기 시작한다. 사실 집장사 집이라는 것이 완전히 날림으로 지은 것이라 한옥 못지않게 불편했다. 부엌에는 바닥 한가운데 물 빠지는 구멍이 있어서 설거지한 물

을 그리로 버렸는데 정말로 더러웠다. 부엌부터 뜯어고쳐서 바닥에 물기가 없는 오늘날 같은 스타일로 만들고, 단열재가 전혀 들어 있지 않은 벽에는 단열재를 넣고, 슬라브 지붕 밑에는 방수공사를 해서 물이 새지 않게 하는 등의 공사를 했다. 마당도 홀랑 뜯어고쳤다. 그러나 이 모든 디자인을 부모님이 직접 하셨으므로 엄밀히 말해서 디자인은 아니었다. 전문가가 해야 디자인이라 할 수 있으므로. 그때 알게 된 것은 단독주택이란 집을 사랑하지 않으면 살 수 없는 곳이라는 사실이었다. 그러나 집에 대한 사랑조차도 미리 디자인해 넣는다면 어떨까? 집주인이 일일이 손을 대서 개보수할 필요가 없게 아예 집을 지을 때부터 디자인을 해놓는다면? 정릉동 2층 양옥의 경우는 사는 사람의 편의 같은 것은 전혀 고려하지 않고 날림으로 지은 집이라 많은 개보수가 필요했지만 오늘날의 단독주택은 그렇지 않을 것이다. 불편함의 요소를 처음부터 예상하여 제거하면 최소한 불편한 구조 때문에 돈을 들여 개보수를 할 필요는 없어지는 것이다.

판교 스타일 = 세련된 스타일?

판교의 단독주택들이 그런 집들이다. 처음부터 완벽하게 디자인돼 있어서 집주인이 꿈꾸는 이상적인 형태를 실현시켜주는 주거의 형식이다. 판교의 몇몇 집들은 제대로 된 건축가가 심혈을 기울여 디자인한 것들이다. 그런 집들은 외관부터 내부 꾸밈새에 이르기까지, 건축가가 집주인과 상의해가며 세심하게 디자인한 티가 많이 난다. 그런 집들은 프라이버시를 절대적으로 중시해서 그런지 대개 창문이 거의 없다. 사실 디자인을 할 때 모든 요소를 다 넣을 수는 없다. 자동차가 연비가 좋으려면 무게를 줄여야 하고 편의성을 희생해야 하듯이, 21세기의 맥락에서 단독주택을 디자인하다 보니 옛날의 주택에는 있던 것이 없어진 것들이 좀 있다. 그중 대표적인 것이 이웃과의 소통과 흐름이다. 옛날의 골목길은 오가다 만나서 인사하고 수시로 이웃집에 마을 가며 지나는 곳이었다. '골목을 사랑한 사진가' 김기찬의 사진에 잘 나오듯이, 골목길 자체가 삶의 공간이었다. 공동체는 골목에 존재했다. 오늘날 판교에는 그런 길의 개념이 없다. 단독주택단지에 이사 오는 사람들은 이미 제한적 이웃 개념에 익숙한 사람들이기에, 설사 골목길이 생긴다고 해서 집 앞에 상을 차려 놓고 국수를 말아서 이웃과 나눠 먹을 사람들은 아니다.

그러고 보면 1970년대에서 지금에 이르는 40여 년 동안 한국 사람들의 주거적 멘탈리티(mentality)는 얼마나 변했는지. 나는 10여 년 전 정릉동의 주택을 떠나 지금까지 안양에서 오피스텔에서 살고 있다. 그 10년 동안 한 번도 이웃을 마주친 적도, 인사를 나눈 적도 없다. 소음 문제로 다툰 적이 있을 뿐이다. 그런 내가 단독주택에 살게 됐다고 해서 갑자기 길에 나와 이웃들에게 인사를 할 것 같지는 않다. 그런 폐쇄적 멘탈리티에 대한 처방으로 판교단독주택 단지를 개발, 분양한 한국토지주택공사(LH공사; LH는 land and housing의 약자이다)는 담장과 대문을 두지 않도록 조건을 걸었다. 그러나 그렇게 한다고 해서 없던 소통정신이 갑자기 생기는 것은 아니다. 판교의 단독주택들을 가보면 아파트 이상으로 보안이 철저하고, 문에는 당연히 철저하게 잠기는 잠금장치가 달려 있다. 그리고 창문마다 검은색 보안장치가 달려 있는데, 큰 창을 하나 내기보다는 작은 창을 여러 개 내는 오늘날의 추세를 따르되 작은 창마다 양쪽에 검은색 보안장치를 달아 놓았다. 그 모양은 미관상 좋지도 않을뿐더러 폐쇄성을 더 강조하는 것 같아서 보는 마음이 영 불편하다. 어떤 집들은 cctv 카메라를 달기도 하는데 모든 모서리마다 cctv 카메라가 달려 전방위적인 감시를 하는 모습은 섬뜩하기까지 하다. 그게 오늘날 단독주택이 환생한 조건이다. 건축 스타일을 얘기하는 데 중요한 요소, 돈을 빼놓을 수 없다. 판교에 단독주택을 가지려면 돈이 얼마나 있어야 할까? 판교에 단독주택을 지을 경우 공사비는 1제곱미터당 136-212만 원이 든다.(액수가 애매한 이유는 3.3제곱미터당 얼마라고 된 것을 환산했기 때문이다. 평이나 인치 같은 미터법 이외의 단위를 못 쓰게 한 이유는 평이나 인치라는 말이 싫어서가 아니라 3.3이나 2.54 같은 애매한 숫자가 싫어서인데 오늘날의 사람들이 그런 취지는 모르고 평당 = 3.3제곱미터당이라고 쓰는 것은 뭔가 잘못된 것이다. 관습이란 얼마나 무서운지.) 어쨌든 그래서 연면적을 300제곱미터

이영준, 「판교 옛날」, 2002.

이택, 협택, 설계시공
(주)운화 종합 건설

48두 6676

이영준, 「판교 요즘」, 2011.

만 잡더라도 건축비가 4억-6억 4,000만 원가량 들어간다. 여기에 8억-11억 원 안팎의 땅값을 더해야 하기 때문에 집을 짓는 데 적어도 13억-15억 원이 있어야 한다. 자기 집을 지으면 10년은 폭삭 늙는다는 통설도 감안해야 한다. 그래서 판교에는 기업들이 단독주택을 지어주는 경우가 많다. 집주인이 걱정할 필요 없게 설계부터 시공까지 모든 것을 깔끔하게 책임져 준다는 것이다.

결국 단독주택에 살고 싶다는 욕구는 대기업에서 지은 획일적인 집에서 살기 싫다는 마음에서 시작된 것이리라. 그런데 정작 대기업의 힘을 빌리지 않고 내 손으로 집을 짓는 것은 쉽지 않은 일이다. 아마 집을 많이 지어본 사람에게는 쉬울 것이다. 그러나 그동안 소모했을 신경과 돈을 생각하면 이건 결코 쉬운 일이 아니다. 그래서 주거의 형태가 바뀌었어도 결국은 대기업의 손을 빌릴 수밖에 없다. 판교에 사는 사람들 중 건축을 잘 알고 집을 짓는 과정에 드는 수고를 감당할 노하우와 요령과 용기가 있는 사람들이 세련되고 멋들어진 집을 짓겠지만 그건 극히 일부다. 대기업에서 지어주는 모듈화된 단독주택들은 아파트만큼이나 획일적이고 멋대가리 없다. 사실 판교의 단독주택 단지를 멀리서 보면 멋있지만, 가까이서 집들을 차근차근 들여다보면 대부분의 집들은 미사리 카페처럼 촌스럽다. 그러니 자신의 스타일을 갖는다는 것은 얼마나 어려운 일인가.

판교 vs 지동

과연 판교의 단독주택 단지가 오늘날 단독주택이 존재하는 가장 이상적인 패러다임일까? 도시에 아직 남아 있는 단독주택 지역을 찾아 수원 지동에 가봤다. 수원 화성 바로 옆, 팔달구에 있는 동네가 지동이다. 지동의 골목에는 아담한 단독주택들이 꽤 남아 있다. 여기도 점차로 다세대 주택으로 바뀌어 가는 추세지만 그래도 서울의 주거지역에 비해 그 세가 강하지는 않다. 무엇보다 수원화성이 문화재로 지정돼 있어 그 근처에 고도제한이 있기 때문이다. 지동은 수원 화성 바깥에 있지만, 안쪽에 있는 곳은 건물의 신축이 거의 없어서 정체된 상태다. 그렇다고 여기에 변화가 없는 것은 아니다. 수원시는 화성 안쪽, 그러니까 옛날에는 성읍마을이었던 그 지역의 작은 주택들을 허물고 전통 한옥을 지어 민속촌 같이 꾸민다는 계획을 가지고 있다. 그 계획에 따라 집들이 헐리고 팔달구청과 수원 화성 박물관이 몇 년 전 신축됐다.

그래도 지동에 가면 포근하다. 내 외가가 수원시 세류동이었고, 지금은 사라진 외가 동네의 느낌이 지동에 약간 남아 있기 때문이다. 지금 세류동에는 외가 식구들도 아무도 안 남아 있고, 외가가 있던 자리는 완전히 바뀌어 외가가 있던 곳인지 어디인지 알 수조차 없게 바뀌어버렸다. 세류동 근처에는 철도 건널목이 있었는데, 내가 초등학교 들어가기 전부터 철도에 대한 로망을 키우던 곳이다. 그 건널목은 수원역과 가까웠다. 증기기관차가 김을 푹푹 내뿜으며 수원역에 화물열차들을 밀어 넣고 빼는 입환 작업을 할 때가 많았는데, 그때 본 증기기관차가 초기 근대의 마지막 상징이었다는 것을 당시에는 까마득히 몰랐다. 내가 어렸을 적부터 우리 식구들은 나를 기계비평가로 키우기로 작정했던 것 같다. 내가 다섯 살쯤 됐을 때 밭에서 김을 매시던 외할머니는 기차가 지나가자 나를 번쩍 안아 올려 기차를 보여주셨으니 말이다. 지금 그 건널목은 세류지하차도로 바뀌어 옛날의 흔적은 찾아볼 수 없다. 그때의 그 느낌을 지동과, 화성 근처의 동네들이 아직도 품고 있어서 고향 상실의 스산한 마음을 달래준다. 그렇다고 지동의 단독주택들이 특별히 우아하거나 세련된 것은 아니지만 소박하고 아담한 양식에 얕은 담장이 마음의 빗장을 열어주는 듯하다. 수원성 안쪽의 동네는 특히 아름다운데, 아담한 단층 양옥에 담장은 낮고, 집 바로 옆에는 수원 화성에 딸린 잔디밭이 널찍해서 보기가 참 좋다. 집안이 훤히 들여다보이는 낮은 담을 한 집도 꽤 많다. 마당에 예쁜 꽃들과 채소들을 오종종 심어놓은 모습이 참 보기 좋다. 주민들이 저녁 무렵 잔디밭에 앉아 있는 모습은 참 평화롭고 여유로워 보인다. 그게 내가 꿈꾸는 단독주택의 이상적인 형태이다. 자연스럽게 형성된 동네면서 집들은 아담하고 주변 환경이 좋은 곳.

그러나 지동에 대해서는 아픈 기억이 하나 있다. 2012년 4월 1일 조선족 남성 오원춘은 지나가던 여성을 납치하여 강간하고 죽인 후 358토막을 내서 비닐봉지에 잘 싸놓는 엽기적인 살인을 저질렀다. 피해자가 경찰에 전화한 내용을 보면 지동초등학교 근처였다고 한다. 왜 지동에서 이런 끔찍한 사건이 났을까? 아파트 단지와는 달리, 자연스럽게 형성된 단독주택 지역에는 보안 시스템이라는 것이 전무하기 때문이다. 지동의 집들은 마음만 먹으면 누구나 들어갈 수 있다. 남들과 쉽게 소통하는 단독주택 지역이 끔찍한 범죄의 장소가 된 것이다. 지금 지동의 골목에는 곳곳에 cctv 카메라가 설치돼 있다. 하지만 오원춘은 참회하지 않았고 피해자는 다시 살아 돌아올 수 없다. 단독주택의 비극이다. 아마도 지금의 지동은 그때보다는 훨씬 안전한 곳이 됐을 것이다. 다급한 구조를 요청하는 피해자와 7분 이상이나 통화하면서도 경찰력을 급파하지 않아 결국은 피해자가 죽게 내버려둔 경찰은 좀 반성을 했을 것이고 주민들은 수상한 사람에 대해 좀 더 경계를 하게 됐을 것이다. 그러고 있는데 지동에서 멀지 않은 팔달산에서 또 다른 토막시체가 발견됐고 이번에도 범인은 이름에 봄 춘자가 들어가는 조선족이었다. 담이 낮은 아담한 단독주택들이 많은 동네에서 말이다. 아름다우면서 안전하고 값은 적당한 단독주택은 어디에 있는 걸까?

최충철, 「판교택지지구개발-돈이 자라는 땅」, 2005

어떤 작위의 도시

현대 음악의 선구자 중 하나이자 파시즘에 맞선 레지스탕스였던 루이지 노노는 1988년에 「유토피아적 미래에 대한 그리움(La lontananza nostalgica utopica futura)」을 작곡했다. 사회주의가 몰락할 즈음이었다. 그는 평생 투철한 마르크스주의자로 살았다. 1989년 프랜시스 후쿠야마는 『역사의 종언』을 발표했고 1990년 루이지 노노는 베니스에서 죽었다. 그해 나는 유치원을 졸업했다.

서울을 아십니까
한유주는 「사라지는 장소들 레몽 크노, 파리를 아십니까」[1]라는 글에서 레몽 크노가 쓴 책 『파리를 아십니까?』에 대해 썼다. 이 책은 456개의 질문으로 이루어진 책인데 이런 식이다.
3. 몽수리 공원의 전망대는 원래 무엇이었는가?
4. 생미셸 대로는 원래 어떤 이름으로 불렸는가?
6. 당페르 가가 당페르로슈로로 변경된 것처럼, 시의회가 말장난 때문에 이름을 바꾸었던 거리들은 어디인가?

한유주는 이 책을 베껴 「서울을 아십니까?」를 써보고 싶다는 생각을 잠시 했으나 곧 그만뒀다고 했다. 레몽 크노에 의하면 파리에 대한 질문은 지나치게 특이하거나 진부하면 안 되는데, 자신이 서울에 대해 떠올린 질문은 지나치게 특이하거나 진부했기 때문이었다. 나도 그녀를 따라 서울에 대한 질문을 떠올려보았다. 세운상가에는 어떤 사람들이 살았습니까? 서강나루터는 어디에 있었습니까? 엉컹크(UNCURK)는 어떤 모습이었습니까? … 역시 지나치게 특이하거나 진부한 질문이다. 작위적으로 느껴진다.

---

1 한유주, 「사라지는 장소들 레몽 크노, 파리를 아십니까」, 『연세대학원저널』 207호.

왜 그럴까. 그건 어쩌면 서울이라는 도시가 지나치게 특이하거나 진부해서 아닐까. 레몽 크노가 파리에 대해 456개나 되는 질문을 떠올릴 수 있었던 건 그가 잘나서가 아니라[물론 그는 100조(兆)편의 시를 쓴 시인이지만] 파리가 그런 도시였기 때문인지도 모른다. 서울에 사는 그 누가 특이하지도 진부하지도 않은 질문을 떠올릴 수 있을까. 이 작위적인 도시에서.

Q1. 쌍화차 또는 커피 중 뭘 마시겠습니까?

지금은 출간되지 않는 독립잡지 『FACE』는 인터뷰 전문잡지로 2012년 가을에 1호가 나왔다. 1호의 주제는 'City & Space'로 함성호 시인/건축가가 표지 인물이고 구남과여라이딩스텔라, 한받, 박해천, 배명훈 등 다양한 이들의 인터뷰가 실려 있다. 잡지의 끝자락에는 세운상가에서 뉴스타전자라는 이름의 가게를 운영하는 김운민 씨 인터뷰가 있다. 김운민 씨는 77세로(2012년 기준) 1967년 세운상가가 처음 생겼을 때부터 텔레비전 수리 일을 해왔다. 나는 그의 인터뷰가 굉장히 인상적이었는데 그가 두 페이지 남짓한 짧은 인터뷰에서 시종일관 허풍을 떨기 때문이다. 예를 들면 이런 식이다. 1970년대에는 세운상가가 동양 최고였다, IBM컴퓨터 같은 거 세운상가에서 하루 만에 뚝딱 만들었다, 한국에서 제일 처음 컴퓨터 만든 곳도 세운상가다, 게임도 세운상가에서 처음 만들었다, 마음만 먹으면 헬리콥터와 로켓도 만들 수 있었다. 1970년대에는 전세계의 이목이 세운상가에 집중되어 있었다. 세운상가는 전자유토피아, 첨단 미래의 상징이었다.

김운민 씨는 세운상가가 망한 게 대기업 위주의 국가정책 때문이라고 했다. 나라는 세운상가를 짓기만 했지 어떤 지원이나 관리도 하지 않았고 세운상가의 노하우는 대기업에게 모두 뺏겼다는 게 그의 주장이다. 그는 세운상가는 절대 허물어져선 안 된다며(인터뷰 당시 세운상가 철거 계획이 논의 중이었다), 탁상공론으로 앉아가지고 마음대로 뭘 없애버리고 만들고 하면 안 되는 거야, 세운상가가 자생적으로 일군 50년 노하우를 이대로 묻으면 안 되지, 여길 부활시켜야 돼, 라고 말한다. 인터뷰 말미에 그는 인터뷰어에게 묻는다. 뭐라도 마시고 가, 쌍화차 아니면 커피? 인터뷰어는 커피를 선택한다.

Q 2. 자유로에 가장 잘 어울리는 음악은?
2012년이었다. 나는 파주출판단지에서 회사를 다녔는데 월말만 되면 야근을 했다. 월초에 있는 회의 때문이었다. 연말도 월말이니까 연말이라고 다를 게 없었다. 나는 2012년 연말을 회사에서 보냈고 2013년 1월 1일 0시를 팀 동료들과 회사에서 맞았다. 포옹을 하거나 폭죽을 터뜨리진 않았다.

파주출판단지에서 처음 회사 생활을 시작했을 땐 내 처지가 이렇게될 줄 몰랐다. 파주에 와본 적 없는 친구들은 나를 부러워했다. 강남이나을지로 같은 데서 일하는 것보다 훨씬 좋겠네. 강남이나 을지로에서 일을안 해봐서 어떤지 모르겠지만 '좋다' 라는 단어가 어울리지 않는 건 알 수있었다. 예쁜 건물이 안 예뻐 보이는 건 내가 일을 해서일까, 자주 봐서일까. 파주에서 일을 하면서 20대 초반에 대구 성서산업단지의 자동차 공장에서 일하던 시절이 자주 떠올랐다. 자동차에 들어가는 고무 패킹을 생산하는 곳으로 주야교대 근무를 했는데 뜨거운 열기가 나오는 가류기 앞에서 12시간씩 서 있었다. 일은 고됐고 사람들은 말이 없거나 말을 걸지 않았다. 2주일 후 사수와 처음으로 대화라는 걸 했다. 사수는 20대 중반의 대머리 총각으로 말을 더듬었다. 그는 묻지도 않은 자신의 연애사를 늘어놓으며 여자 만나는 법에 대해 알려줬다. 나는 그가 알려준 방법을 단 한 번도 쓰지 않았다.

나는 쉬는 시간이나 출퇴근 시간에 MP3플레이어로 음악을 들었다. 그게 유일한 낙이었다. 그곳은 말 그대로 공단이었고 사람이 많이 다니지 않았으며 다니는 사람들은 사람보다 풍경처럼 보였다. 그래서 음악이잘 어울렸다. 퇴근 시간경의 출판단지도 마찬가지다. 아무도 단지에 머물러 있고 싶어 하지 않는다. 이곳은 빨리 떠나야 할 곳이다. 원래 브릿팝을 즐겨 듣던 나는 자유로에서 처음 내 친구 바흐와 친해졌고 엘레니 카라

인드루나 크라프트베르크, 루이지 노노와 배리 매닐로를 들었다(그러니까 아무거나 막 들었다는 얘기다). 직장 선배는 퇴근길에 윤종신의 「자유로 선셋」을 들으며 눈물을 흘렸다고 했다. 나는 자유로에는 바흐가 제일 잘 어울린다고 했지만 선배는 코웃음 쳤다. 사실 바흐는 그럴듯해 보이려고 한 말이다. 자유로에는 크라프트베르크의 「더 맨-머신(The man-machine)」이 잘 어울린다. 아우토반은 아니지만 어쨌건 일하러 가는 길이니까. 우리에겐 노동요가 필요하다.

Q 3. 당신은 어느 동네에서 살고 싶나요?
앨리슨 루리(Alison Lurie)의 1966년 소설 『어디에도 없는 도시(The nowhere city)』는 동부에서 서부로, 정확히는 로스앤젤레스로 이사한 부부 폴과 캐서린을 다룬다. 각양각색의 집으로 가득한 로스앤젤레스를 천박한 도시로 생각하는 캐서린과 달리 폴은 이곳이 마음에 든다. 폴과 캐서린의 충돌은 집과 건물, 도시에 대한 관점의 차이로 드러난다.

이 모든 것을 만들어낸 에너지에 폴은 즐겁고 기뻤다. 동부에서는 큰 부자들만 감히 그렇게 다양하게 건물을 지었다. … 사람들이 원한다면 파고다 모양으로 집을 짓고 터키 목욕탕 같은 형태로 식료품점을 짓고 배와 모자 같은 형태로 음식점을 짓지 못할 이유가 어디 있는가. 사람들이 짓고 부수고 다시 짓게 하자. 실험을 하게 하자. 몇몇 실험이 천박하다는 것만 볼 줄 아는 사람은 천박하다는 말의 어원을 찾아봐야 할 것이다.[2]

폴은 사무엘 베케트의 소설을 읽는 웨이트리스 세씨와 바람이 난다. 반면 캐서린은 자기 자신과 사랑에 빠진다. 소설의 마지막, 세씨와 헤어진 폴은 동부로 돌아가길 원하지만 캐서린은 로스앤젤레스에 남길 원한다.
인테리어 회사에 다니는 친구 조규엽은 최근 60-70년대 미국 서부

2 폴 골드버거, 『건축은 왜 중요한가』(미메시스, 2011), 195쪽. 번역은 The nowhere city 원문을 참조해서 일부 수정.

의 인테리어와 건축에 빠졌다고 했다. 그쪽 분야에 별 지식이 없는 나는 그게 뭐냐고, 그런 걸 왜 좋아하느냐고 물었다. 조규엽은 작은 규모에서 자신이 원하는 걸 하라고 했을 때 나온 조금은 자기도취적이며 제멋대로 인 풍경이 마음에 든다고 대답했다. 그게 60년대와 70년대의 로스앤젤레 스 풍경이라고 했다. 나는 그럼 판교는 어떠냐고 물었다. 내가 지금 판교 와 연관된 글을 쓰고 있는데 거기 가면 집들이 다 이상하다고 말했다. 그 는 판교는 안 가봐서 모르겠다고 말했다. 사진을 보여주니까 별로라고 했 다. 왜? 이유는 간단해. 지금은 60-70년대가 아니잖아. 여긴 해변도 없고.

어떤 작위의 도시

나는 스무 살에 서울로 왔다. 서울은 적응 안 되는 도시였다. 나는 서울에서 한 번도 스스로를 자연스럽게 느껴본 적이 없다. 고향에선 그렇지 않았다. 고향은 고요하고 편안했다. 서울은 늘 뭔가 진행 중이었다. 모든 게 계획됐고(엉터리로) 복잡했으며 (엉터리로) 요란했다(이건 제대로다). 그런데 어느 순간부터 서울이 익 숙해지기 시작했다. 고향에 내려가면 지루했다. 토킹 헤드의 노래 「헤븐 (Heaven)」의 가사처럼('where nothing, nothing ever happens') 거기 선 아무런 일도 일어나지 않았다. 늘 뭔가를 하고 있는 서울에서 편안함을 느끼게 된 것이다.

그 편안함은 내가 어떤 작위의 세계 속 한가운데 있기에 주어 지는 것 같았다. 나는 오래도록 너무도 작위적인 삶을 살아왔 고, 이제는 작위적인 것이 내게는 자연스러웠다. … 완벽한 작 위의 세계가 그 숲 너머에서 나를 기다리고 있는 것 같았고, 작위를 통해서만 가 닿을 수 있는, 막연하고 난처하고 혼란 스러우며, 부자연스럽고 어둡고 가망이 없지만 그것으로부 터 벗어나는 것은 생각조차 할 수 없는 세계가, 깊어지는 뭔 가가 있는 것 같았고, 작위로써 완성해갈 수밖에 없는 삶이 내 앞에 가로놓여 있는 것 같았다.[3]

---

3 정영문, 『어떤 작위의 세계』(문학과 지성사, 2011), 190쪽.

루이지 노노가 「유토피아적 미래에 대한 그리움」을 작곡했을 때는 위대했던 작위의 시대가 끝난 뒤였다. 오랜 시간 거듭해온 사회주의라는 실험은 끝났고 신자유주의라는 불길한 현재만이 남았다. 정치만 그런 게 아니었다. 음악, 미술, 문학, 건축 모두 동력을 잃은 지 오래였다. 미래는 실현되지 않았다. 그가 미래를 그리워할 수 있었던 건 미래가 과거에 있었기 때문이다. 그가 살았던 유럽에선 20세기 초중반이 미래였다. 유럽은 그 이후 내내 내리막이었다. 미래에 대한 희망도 기대도 없이 냉소적이기만 할 때 더 이상 작위는 필요 없다. 작위는 일종의 역동성이다. 작위는 뭔가 하려고 할 때 발생한다. 그래서 작위적인 건 늘 우스꽝스럽지만 작위적이지 않고 할 수 있는 건 존재하지 않는다. 그러니 베케트의 유명한 전언을 이렇게 바꿔 볼 수도 있지 않을까. 작위 하라, 더 잘 작위 하라.

강홍구

목포 교육대학을 졸업하고 6년 동안 섬에서 초등학교 교사 생활을 하다 다시 학생이 되어 홍익대 회화과와 대학원을 졸업했다. 디지털 사진을 매체로 한 작업을 주로 하고 있다. 리움 미술관 플라토 갤러리, 원 앤제이 갤러리, 고은사진미술관 등에서 개인전을 열었고, 국립현대미술관 「우리가 알던 도시」, 광주비엔날레를 비롯한 전시에 참가했다.

박길룡

국민대학교 건축대학 명예교수. 국민대 건축대학교수 재임 동안, 조형대학장, 건축대학장, 박물관장을 지냈다. 『한국현대건축의 유전자』, 『세컨드 모더니티의 건축』, 『시간횡단: 건축으로 읽는 터키 역사』, 『남회귀선: 라틴아메리카의 문명기행』, 『제주체』 등의 책을 썼다. 한국건축가협회상(1995), 서울시건축상 연구부문(2008), 한국건축문화대상 올해의 건축문화인(2011) 등을 수상했다.

박정현

도서출판 마티 편집장. 서울시립대학교 건축학과에서 박사과정을 수료했다. AURI 인문학논문 대상과 『와이드AR』 비평상을 수상했다. 광주 디자인비엔날레, 「Out of the Ordinary」 등의 전시에 협력 큐레이터로 참여했다. 『전환기의 한국건축과 4·3그룹』(공저)을 썼으며 『포트폴리오와 다이어그램』 등을 번역했다.

박해천

디자인 연구자. 동양대학교 교양학부 테크노에틱 연계전공 조교수로 재직 중이다. 지은 책으로 『인터페이스 연대기』, 『콘크리트 유토피아』, 『아파트 게임』, 『아수라장의 모더니티』, 등이 있다.

배형민

서울시립대학교 건축학부 교수. 서울대학교 건축학과를 졸업하고 MIT에서 박사학위를 받았다. 황금사자상을 수상한 2014년 베니스비엔날레 한국관의 큐레이터를 맡았다. 이밖에도 광주 디자인비엔날레 등의 전시에 큐레이터로 참여했다. 『포트폴리오와 다이어그램』, 『감각의 단면: 승효상의 건축』, 『한국건축개념사전』 등을 썼다.

안창모

경기대학교 건축대학원 교수. 서울대 건축학과를 졸업하고 동대학원에서 박사학위를 받았다. 황금사자상을 수상한 2014년 베니스비엔날레 한국관의 큐레이터를 맡았다. 문화재청과 서울시 문화재 전문위원으로 활동하고 있다. 지은 책으로 『한국현대건축 50년』, 『덕수궁』, 『한국의 근대건축』(공저) 등이 있다.

이영준

기계비평가. 기계는 고칠 줄 모르지만 기계에 대한 호기심은 많다. 기계의 구조, 재료, 작동 방식, 존재감을 비평적으로 어떻게 풀어낼까 항상 궁리하고 있다. 『기계비평』, 『기계산책자』, 『페가서스 10000마일』 등의 책을 냈다.

정다영

국립현대미술관 학예연구사. 건축과 도시계획을 공부하고 월간 『공간』에서 건축전문기자로 일했다. 2011년부터 국립현대미술관에서 건축 부문 전시 기획과 연구를 맡고 있다. 「아트폴리 큐브릭」, 「그림일기: 정기용 건축 아카이브」, 「이타미 준: 바람의 조형」, 「장소의 재탄생: 한국근대건축의충돌과 확장」(도코모모코리아와 공동 기획), 「어반 매니페스토 2024」 등의 전시를 기획했다.

정지돈
소설가. 1983년 대구 출생. 2013년 『문학과 사회』 신
인상에 단편소설 「눈먼 부엉이」가 당선되어 등단했
다. 『건축이냐 혁명이냐』로 2015년 '은작가상' 대상
을 받았다.

조명래
단국대학교 도시계획부동산학부 교수. 영국 서섹스
대학교에서 공간정치경제학으로 박사학위를 받았
다. 한국공간환경학회장, 한국NGO학회장 등을 역
임했고, 환경정의 공동대표, 내셔널트러스트 공동대
표, 세계내셔널트러스트기구 집행위원, 『Space and
Culture』 국제편집자문위원 등을 맡고 있다. 『포스
트포디즘과 현대사회위기』, 『현대사회의 도시론』,
『녹색사회의 탐색』, 『개발정치와 녹색진보』, 『지
구화 되돌아보기 넘어서기』, 『공간으로 사회읽기』,
『녹색토건주의와 환경위기』 등의 책을 썼다.

조현정
카이스트 인문사회과학부 조교수. 서울대학교 고고
미술사학과를 졸업하고 미국 남가주대학(Univer-
sity of Southern California)에서 일본현대건축에
관한 논문으로 박사학위를 취득했다. 『Journal of
Architectural Education』, 『Journal of Architec-
ture』, 『美術史學』, 『근현대미술사학』, 『서양미술
사학회 논문집』, 『미술사학보』, 『일본비평』, 『미술
사와 시각문화』 등의 국내외 학술지에 논문을 발표
했다.

아키토피아의 실험

2015. 6. 30 - 2016. 1. 3

국립현대미술관 과천관 제5전시실

강홍구, 김수근, 김용관, 김종규, 김종오, 김준성, 노경,
박정현, 배형민, 서현석, 신경섭, 안세권, 안창모,
옵티컬레이스(김형재, 박재현), 이영준, 이종석, 전몽각,
정다운, 조성욱, 최호철, 플로리안 베이겔, 황효철

기획 및 진행
정다영

전시 디자인
김용주, 전혜인(인턴)

그래픽 디자인
홍박사, 김유나

설치 및 운영
명이식, 조재두

공간조성
이은경

보존
권희홍, 정지혜

교육
한정인

홍보
정윤정, 이기석, 김은아, 백꽃별

자료 조사
조수진

전시 보조
전지영, 서주희

전시장 사진
Roh Space

주최
국립현대미술관
www.mmca.go.kr

이 책은 국립현대미술관 「아키토피아의 실험」전에 맞춰
발행되었습니다.

Experiment of Architopia

June 30, 2015 - January 1, 2016

Gallery 5, National Museum of Modern and
Contemporary Art, Gwacheon

Kang Hong-Goo, Kim Swoo Geun, Kim Yongkwan,
Jong-Kyu Kim, Jongoh Kim, Junsung Kim, Kyung
Roh, Junghyun Park, Hyungmin Pai, Hyun-Suk Seo,
Kyungsub Shin, Ahn Sekwon, Changmo Ahn,
Optical Race (Hyungjae Kim, Jaehyun Bahk),
Young June Lee, Lee Jong Suk, Jeon Mong Gag,
Dawoon Jung, Cho Sungwook, Choi Hochul,
Florian Beigel, Hwang Hyochel

Curated by
Chung Dah-young

Space Design
Kim Yongju, Jeon Hyein (Intern)

Graphic Design
Hongbaksa, Kim Yuna

Space Construction
Lee Eun Kyoung

Transportation & Installation
Myung Yishik, Cho Jaedu

Conservation
Kwon Heehong, Jung Jihye

Education
Han Jung-in

Public Relations
Chung Yun-jung, Yi Giseok, Kim Eun-ah, Baik Kkot-byul

Research
Cho Soojin

Assistants
Chun Jeeyoung, Suh Joohee

Exhibition Photo
Roh Space

Organized by
National Museum of Modern and Contemporary Art,
Korea
www.mmca.go.kr

First published on the occasion of the exhibition
Experiment of Architopia.

전시에 도움 주신 분들
국가기록원, 한국정책방송원, 서울역사박물관, 서울시청,
서울역사편찬원, 파주출판문화정보산업단지 사업협동조합,
헤이리예술마을 사무국, 파주시청, 판교박물관, 성남시청,
한국토지주택공사, tbs교통방송, 주성건축, 서진기획,
경향신문사, 동아일보사, 한미사진미술관, 김한용 사진가
그리고 승효상, 우경국, 최문규 건축가를 비롯 전시에 조언을
해주신 여러 분들께 진심으로 감사드립니다.

Acknowledgement
This exhibition owes special thanks to National
Archives of Korea, Korea TV, Seoul Museum of
History, Seoul Metropolitan Government, Seoul
Historiography Institute, Paju Book City Business
Cooperative, Office of Heyri Artvalley, Paju City,
Pangyo Museum, Seongnam City, Korea Land &
Housing Corporation, Seoul Traffic Broadcasting,
Joosung Architecture, Seojin Plan, The Kyunghyang
Shinmun, The Dong-A Ilbo, The Museum of
Photography, Seoul, Photographer Kim Han-Yong,
Architects Seung H-Sang, Kyung Kook Woo, and Choi
Moon-Kyu.

국립현대미술관
National Museum of
Modern and Contemporary Art, Korea

아키토피아의 실험

강홍구, 박길룡, 박정현, 박해천, 배형민, 안창모, 이영준,
정다영, 정지돈, 조명래, 조현정 지음

초판 1쇄 인쇄
2015년 10월 19일

초판 1쇄 발행
2015년 10월 30일

발행인
정희경

편집장
박정현

편집
서성진

마케팅
최정이

디자인
홍은주, 김형재

발행처
도서출판 마티

등록번호
제2005-22호

주소
서울시 마포구 동교로12안길 31 2층 (04029)

전화
02-333-3110

팩스
02-333-3169

이메일
matibook@naver.com

블로그
blog.naver.com/matibook

트위터
twitter.com/matibook

ISBN
ISBN 979-11-86000-21-2(03610)

이 도서의 국립중앙도서관 출판예정도서목록(CIP)은
서지정보유통지원시스템 홈페이지(http://seoji.nl.go.kr)와
국가자료공동목록시스템(http://www.nl.go.kr/
kolisnet)에서 이용하실 수 있습니다.(CIP제어번호:
CIP2015028090)